◎高等职业教育物联网应用技术专业（智能网联）系列教材

U0722225

ZhiNengWangLian

CheZaiYingYongKaiFa

智能网联车载应用开发

主 编 徐栋梁 刘儒林 韩 锐

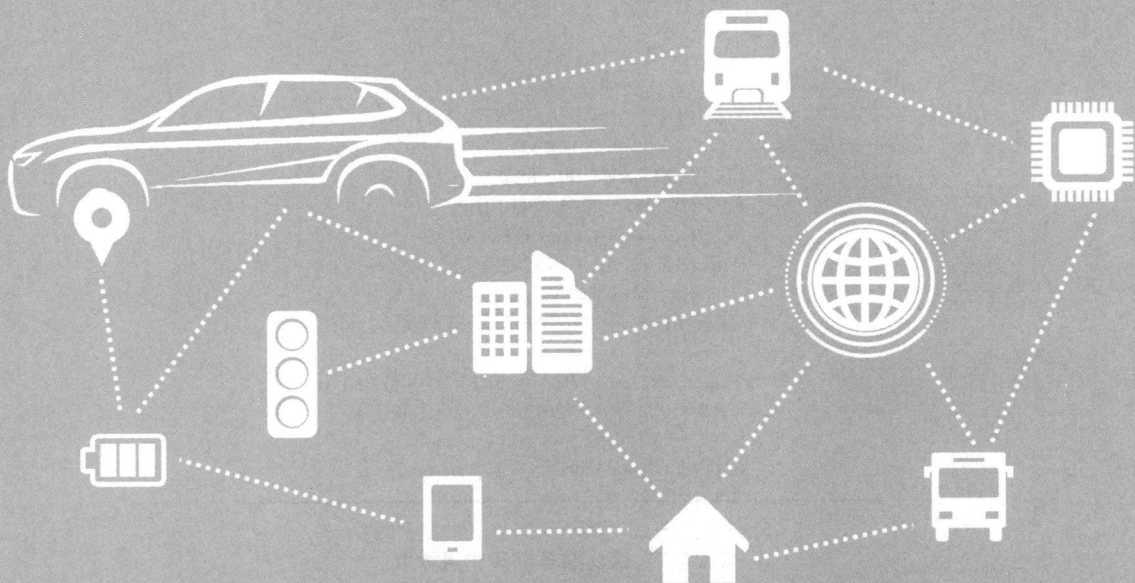

重庆大学出版社

内容提要

本书以智能网联车载应用开发领域典型生产实践项目为驱动、典型工作任务为引领设计组织教材内容,系统设计了智能网联手势检测、智能网联车载多媒体音乐播放、智能网联车载多媒体视频播放、智能网联车载导航、智能网联车载系统启动界面及仪表盘、智能 AR 人脸增强等项目,将 Android 车载开发流程以体系化的课程项目案例贯穿始终。

本书可作为高职院校软件技术、物联网应用技术、智能网联汽车技术等相关专业的教材,也可作为相关专业技术人员和应用开发爱好者的参考书。

图书在版编目(CIP)数据

智能网联车载应用开发 / 徐栋梁, 刘儒林, 韩锐主编 . -- 重庆 : 重庆大学出版社, 2023.8
ISBN 978-7-5689-3933-1

Ⅰ.① 智… Ⅱ.① 徐… ② 刘… ③ 韩… Ⅲ.① 汽车—智能通信网—高等职业教育—教材 Ⅳ.① U463.67

中国国家版本馆 CIP 数据核字(2023)第 133459 号

智能网联车载应用开发

主　编:徐栋梁　刘儒林　韩　锐
策划编辑:苟荟羽
责任编辑:付　勇　　版式设计:苟荟羽
责任校对:刘志刚　　责任印制:张　策

*

重庆大学出版社出版发行
出版人:陈晓阳
社址:重庆市沙坪坝区大学城西路 21 号
邮编:401331
电话:(023)88617190　88617185(中小学)
传真:(023)88617186　88617166
网址:http: / / www. cqup. com. cn
邮箱:fxk@ cqup. com. cn(营销中心)
全国新华书店经销
重庆市正前方彩色印刷有限公司印刷

*

开本:787mm × 1092mm　1/16　印张:14.5　字数:355 千
2023 年 8 月第 1 版　　2023 年 8 月第 1 次印刷
印数:1—1 000
ISBN 978-7-5689-3933-1　定价:46.00 元

本书如有印刷、装订等质量问题,本社负责调换
版权所有,请勿擅自翻印和用本书
制作各类出版物及配套用书,违者必究

前言
Foreword

随着智能汽车产业化进程的加快，集成信息通信、感知计算和自动控制功能的智能网联汽车赋能车载信息娱乐，汽车产业进入智能网联时代。在原有媒介属性的基础上，车辆成了超级移动媒体和互联网新的流量入口，提供高质量的信息互联和娱乐服务以满足驾乘期间司机和乘客的个性化需求。汽车产品形态从单纯的交通工具变成全新的内容载体，面向智能网联应用需求的车载终端为声音媒体带来了广阔的市场空间。在车载场景下，用户对移动音频的需求发生根本改变，伴随性和场景化成为用户新的需求，对智能网联车载应用终端内容和运营模式提出了新要求，智能网联车载应用新的形态正在形成。

本书针对软件技术专业学生群体，融合高职教育特色，以智能网联车载应用开发领域为主线，以项目驱动、典型工作任务为引领设计组织教材内容。本书系统介绍了智能网联车载多媒体音乐播放、智能网联车载多媒体视频播放、智能网联车载系统启动界面及仪表盘，以及智能 AR 人脸增强等项目，将 Android 的开发流程以体系化的课程项目案例贯穿始终，旨在全方位地让学生建立智能网联车载应用开发领域学习的思路与认知，培养学生组织和实施智能网联车载应用开发的能力。

本书由重庆工商职业学院徐栋梁、刘儒林、韩锐担任主编。本书是在作者总结多年教学实践项目开发经验基础上，根据教学与自学的规律，按照初学者学习思路编排，内容循序渐进、条理性强，语言通俗易懂，实践性强。具体编写分工如下：项目1、项目2、项目3由徐栋梁编写，项目4由刘儒林编写，项目5、项目6由韩锐编写，全书由徐栋梁负责统稿，并统一修改定稿。

在本书的编写过程中，编者参考了很多国内外专家的著作和文献，同时得到了相关实验设备厂商的大力支持，在此谨致谢意。

限于编者水平，书中难免存在疏漏之处，欢迎广大读者批评指正，我们会积极对本书进行修订和补充。

编者
2023年2月

目录
Contents

项目1
智能网联手势检测项目实现 ·······················○

项目背景

从汽车被发明以来,人车交互的方式就在不断变化。而最近几年,这种趋势开始变得越来越明显。仅仅在车载信息娱乐系统中,交互方式就开始从最早的实体按键,转向包含按键、触屏仪、语音及手势动作等在内的多维交互方式。

通过不同的手势交互可以实现接挂电话、调节音量、选择歌曲、控制导航、控制车辆(空调、座椅、窗户等)等功能,还包括主驾和副驾、后排乘客交互的多种场景。

所支撑的职业技能

通过本单元的学习,能够掌握安装配置 Android Studio 的方法,掌握如何实现手势检测、手势识别及自定义的手势创建和导出。

重点与难点

◇重点
- 安装配置 Android Studio。
- 手势的检测。
- 手势的创建和导出。
- 手势的识别。

◇难点
- 创建自定义手势和导出。
- 识别自定义手势。

1.1　安装配置 Android Studio

1.1.1　下载 Android Studio

在 Android Studio 的中文官网中，单击"下载 Android Studio"图标下载 Android Studio，如图 1-1 所示。

图1-1　Android Studio官网

在打开的新页面中，单击"Download Android Studio"按钮，直接下载当前最新版，如图 1-2 所示。

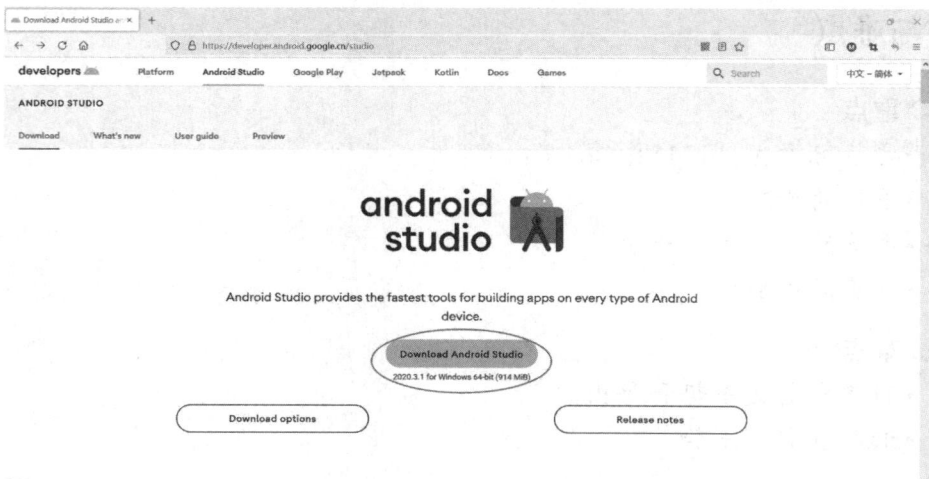

图1-2　Android Studio下载页面

在打开的新页面中，也可以单击"Download options"按钮，打开所有系统安装文件列表，如图1-3所示。

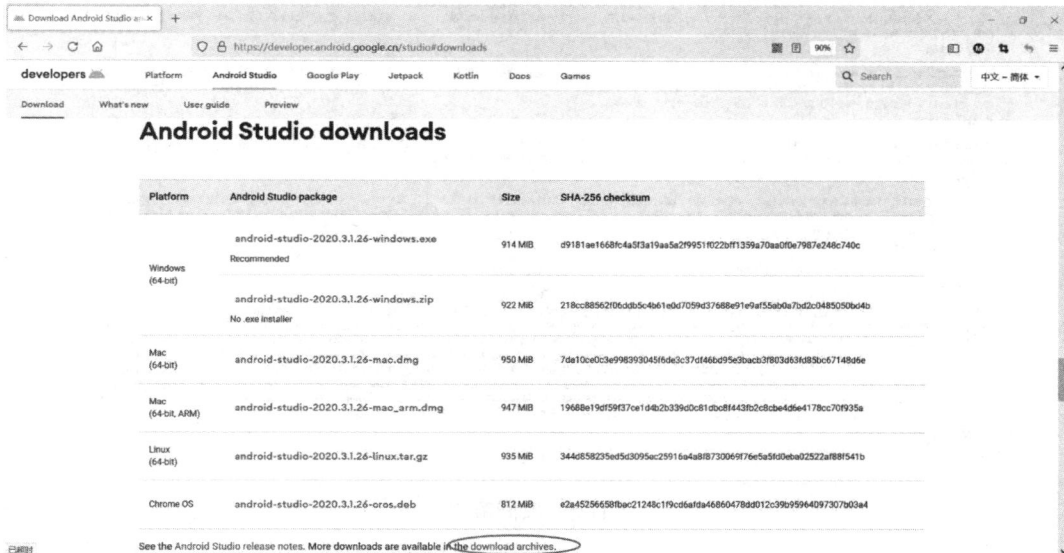

图1-3　多系统安装文件列表

在该列表中，提供了适合 Windows 系统、苹果系统、Linux 系统、谷歌系统等多个系统的最新安装包。如果不想下载最新版本，可以单击下面的"download archives"超链接，打开所有版本的安装文件列表，在看到列表之前，须查看"条款及条件"页面，如图1-4所示，然后单击"我同意这些条款"按钮才能继续，如图1-5所示。

图1-4　条款及条件页面

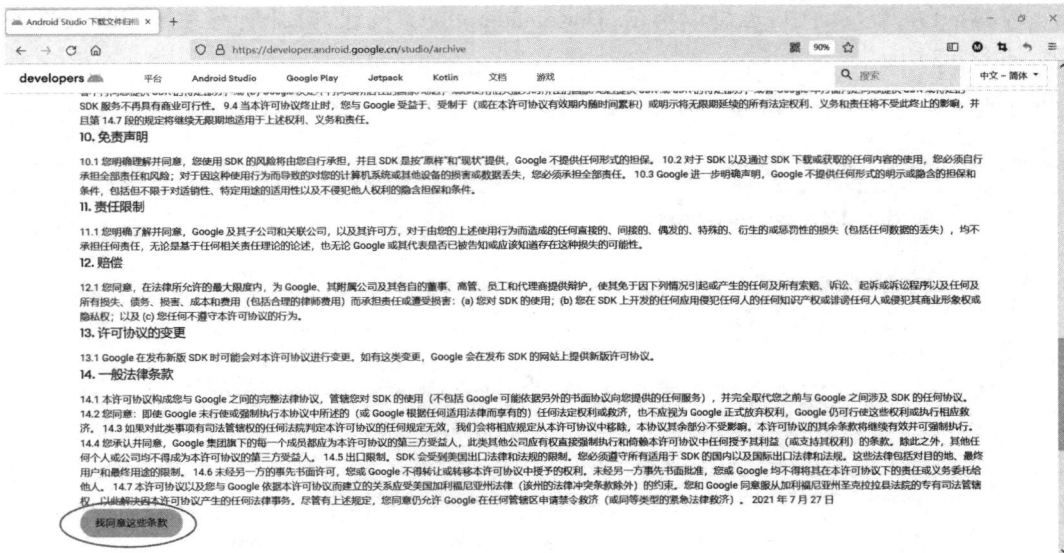

图1-5　接受条款

　　新打开的页面中，包含 Android Studio 所有版本、适用所有系统的安装文件列表。所有版本是指：以往的历史版本，也包括比下载首页所推荐下载的"最新稳定"版更新的最新、待完善版。比如，如图1-6所示，选择的2021年9月2日发布的2021.1.1版。

图1-6　所有版本列表页面

　　选择一个版本及与自己操作系统匹配的超链接，单击即可出现下载确认，单击"确定"按钮，即可开始下载，如图1-7所示。

图1-7   选择合适版本开始下载

1.1.2   安装 Android Studio

安装 Android Studio 时,虽然要始终保持网络畅通,但安装过程非常简单,本节以安装 Windows 系统的"android-studio-2020.3.1.26-windows"版为例来进行说明。首先双击从官网上下载的安装文件,出现如图1-8所示的安装界面。

图1-8   Android Studio 安装界面

单击安装界面的"Next"按钮，进入 Choose Components 界面，该界面保持默认状态，如图1-9所示。

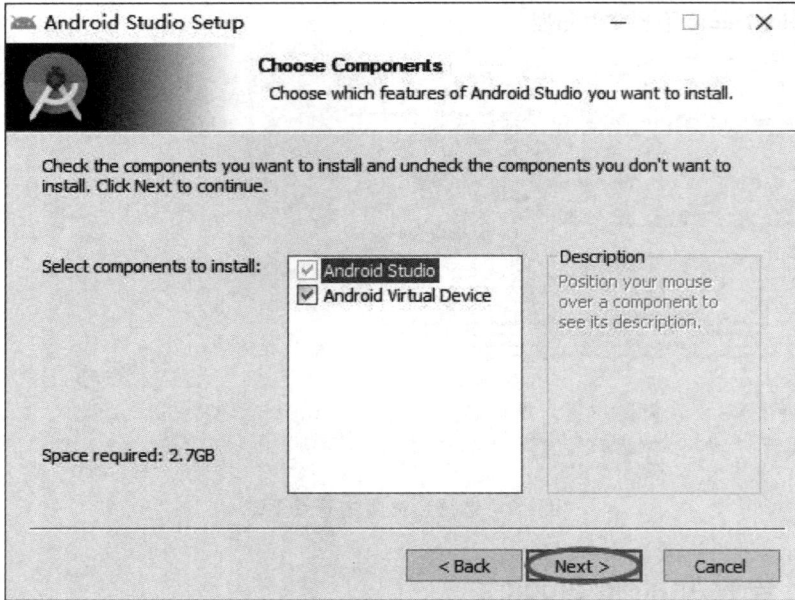

图1-9　Choose Components界面

单击"Next"按钮，进入 Configuration Settings 界面，该界面继续保持默认状态，如图1-10所示。

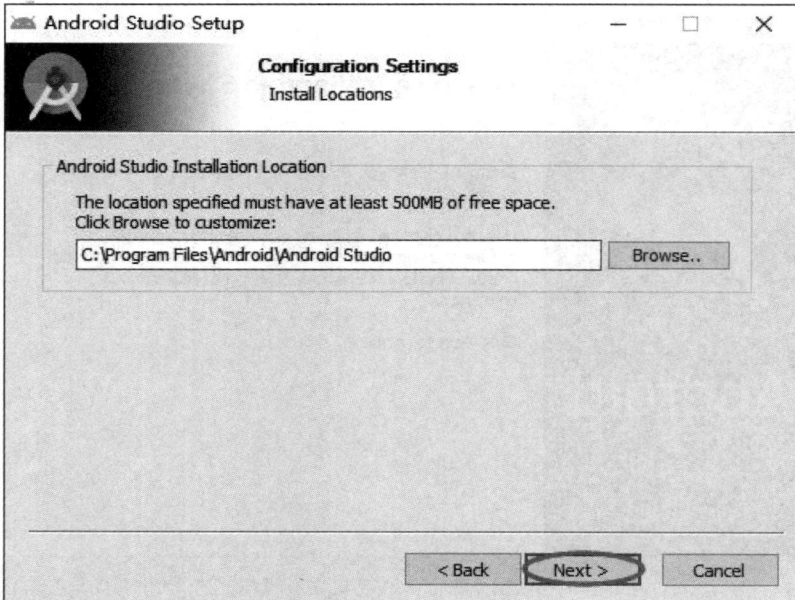

图1-10　Configuration Settings界面

单击"Next"按钮,进入 Choose Start Menu Folder 界面,如图1-11所示。

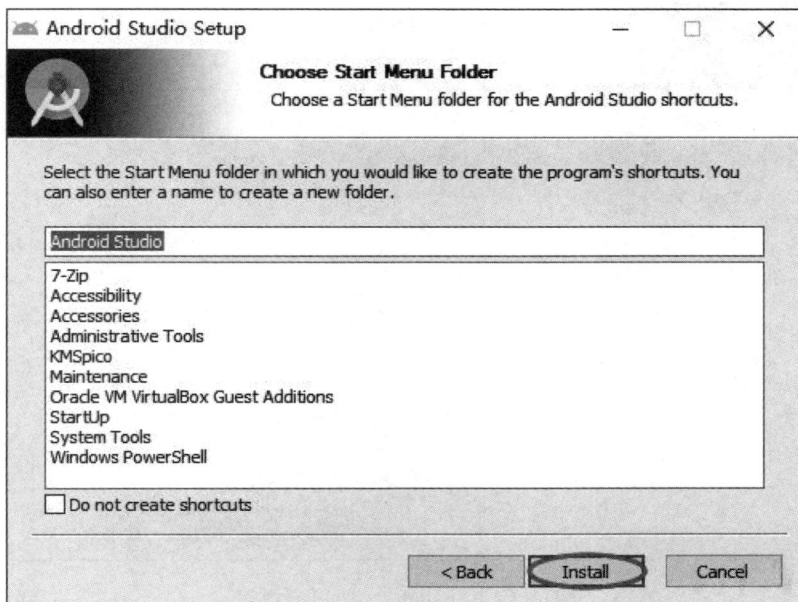

图1-11　Choose Start Menu Folder**界面**

单击"Install"按钮,进入 Installing 界面,开始安装,如图1-12所示。安装过程就是一个解压缩文件的过程,时间不会很长。解压完成后,进入 Installation Complete 界面,同时"Next"按钮变成可用状态,如图1-13所示。

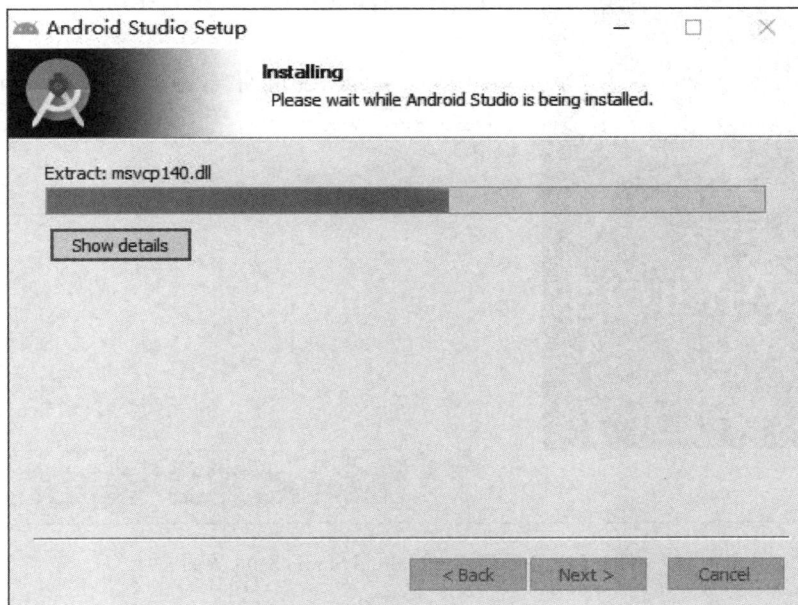

图1-12　Installing**界面**

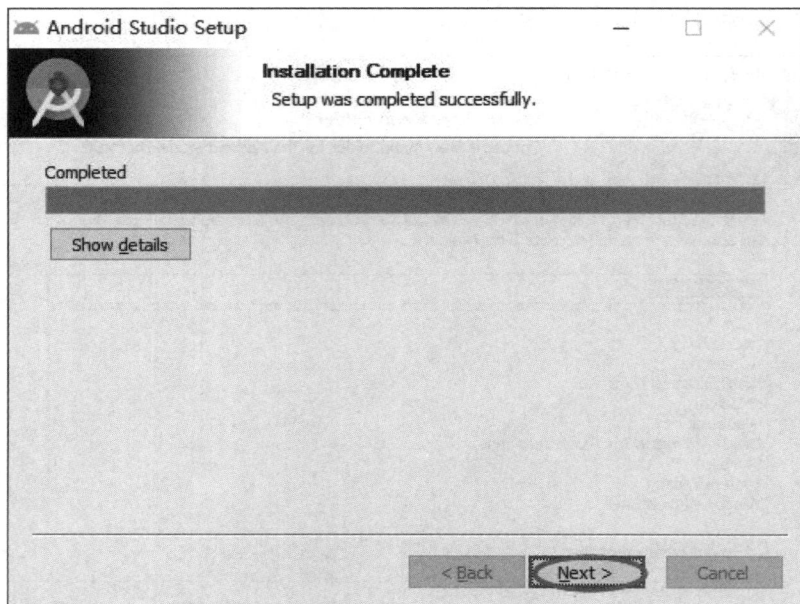

图1-13　Installation Complete界面

单击"Next"按钮，进入最后一个步骤，Completing Android Studio Setup 界面，如图1-14所示。

图1-14　Completing Android Studio Setup界面

单击"Finish"按钮，关闭安装界面，退出安装程序。如果勾选了"Start Android Studio"复选框，则会自动启动 Android Studio。

1.1.3 启动 Android Studio

Android Studio 安装完成后，并不会自动在桌面上生成快捷启动图标，需要找到 Android Studio 的安装目录下的"bin"目录，找到执行文件"studio64.exe"，如图 1-15 所示。

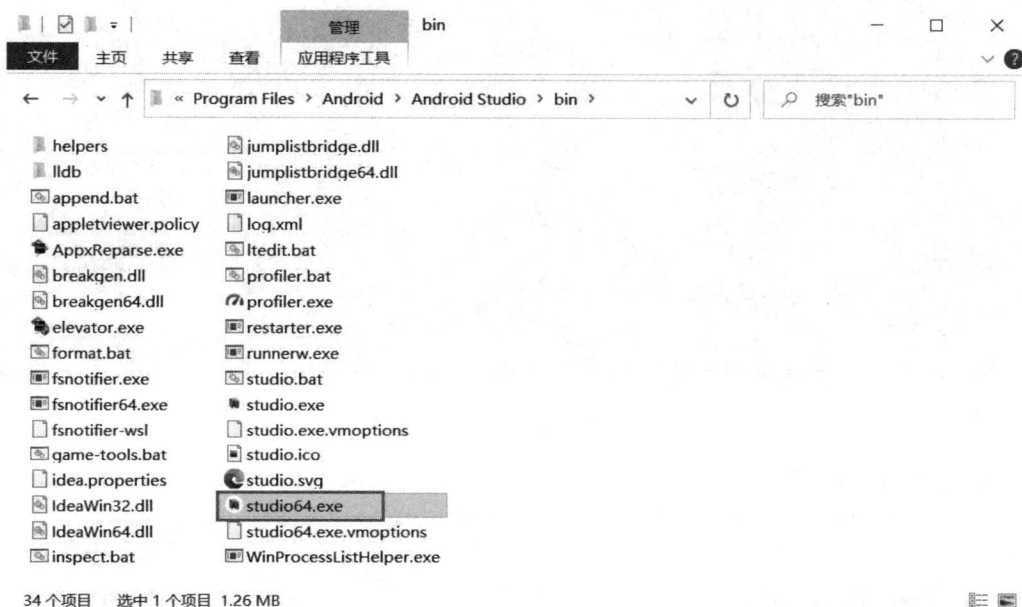

图1-15 Android Studio启动文件

双击执行文件"studio64.exe"，启动 Android Studio，进入 Import Android Studio Settings 界面，如图 1-16 所示。

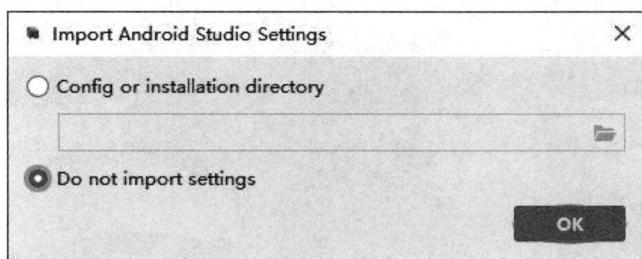

图1-16 Import Android Studio Settings界面

保持默认选项"Do not import settings"，单击"OK"按钮，看到 Data Sharing 提示框，如图 1-17 所示。

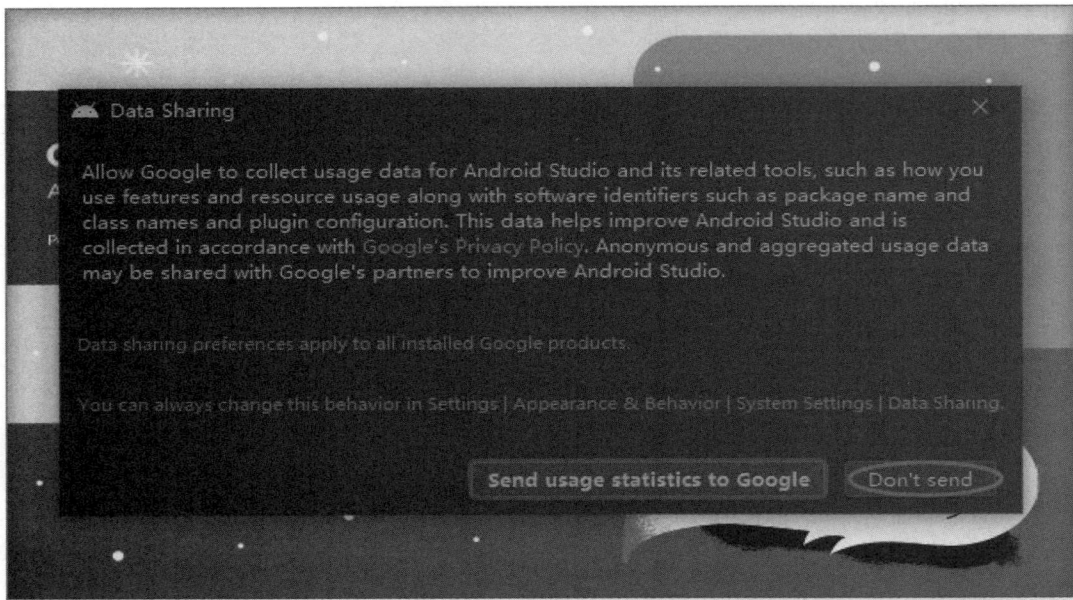

图1-17　Data Sharing提示框

单击"Don't send"按钮，会看到警告信息，如图1-18所示。

图1-18　警告信息

出现警告信息是因为没有检测到 Android SDK，这个可以在后面配置，所以在这里忽略即可。单击"Cancel"按钮，进入 Welcome 界面，如图1-19所示。

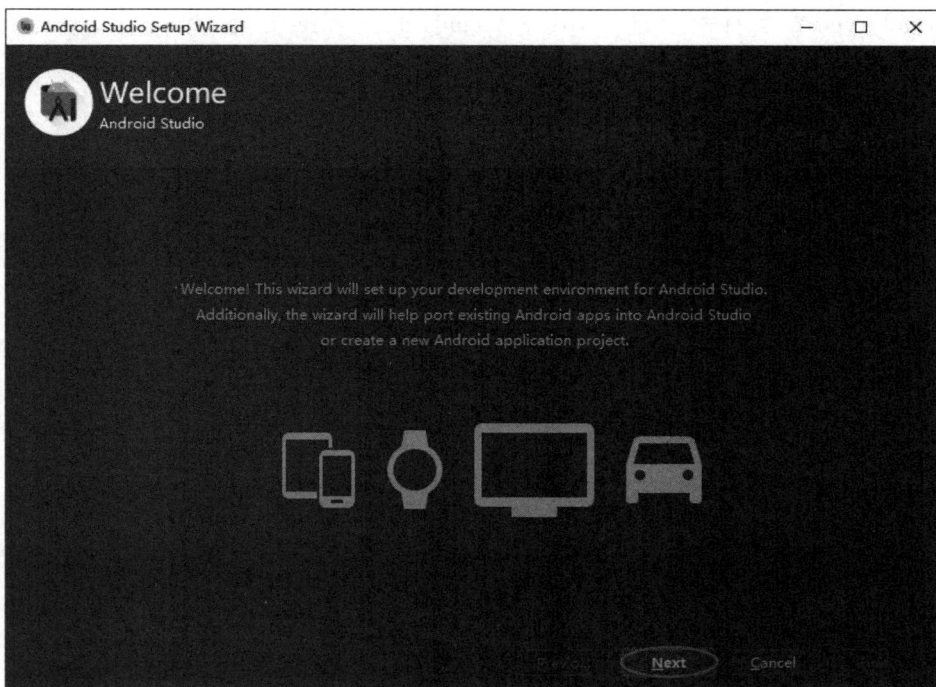

图1-19　Welcome**界面**

单击"Next"按钮，进入 Install Type 界面，如图 1-20 所示。

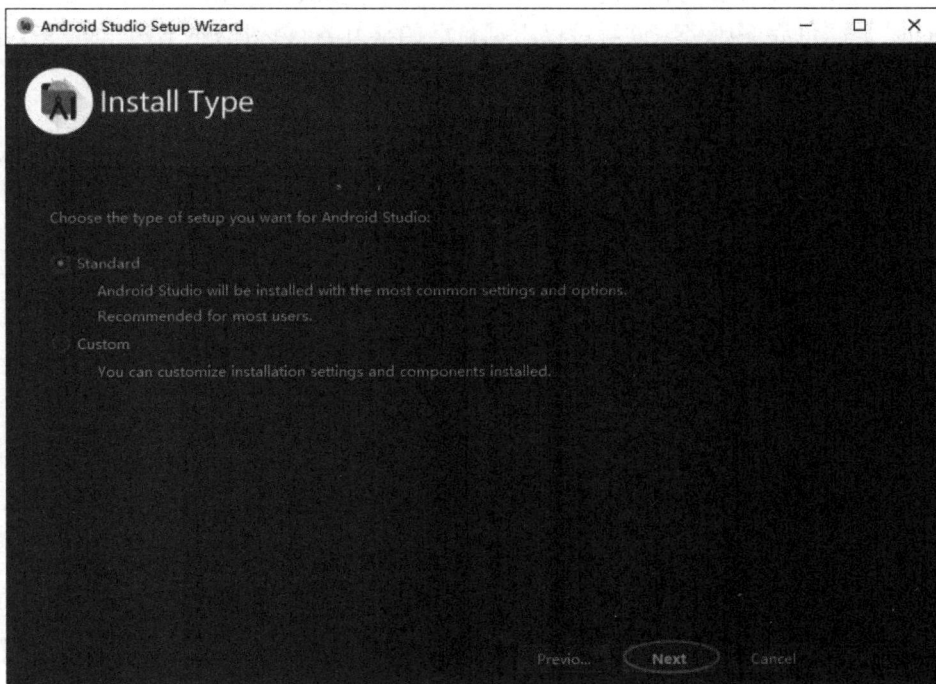

图1-20　Install Type**界面**

Install Type 界面有两个选项，其中"Standard"是标准安装，此项是默认选中项，"Custom"是自定义安装。若保持默认选中项，直接单击"Next"按钮，进入 Select UI Theme 界面，如图1-21所示。

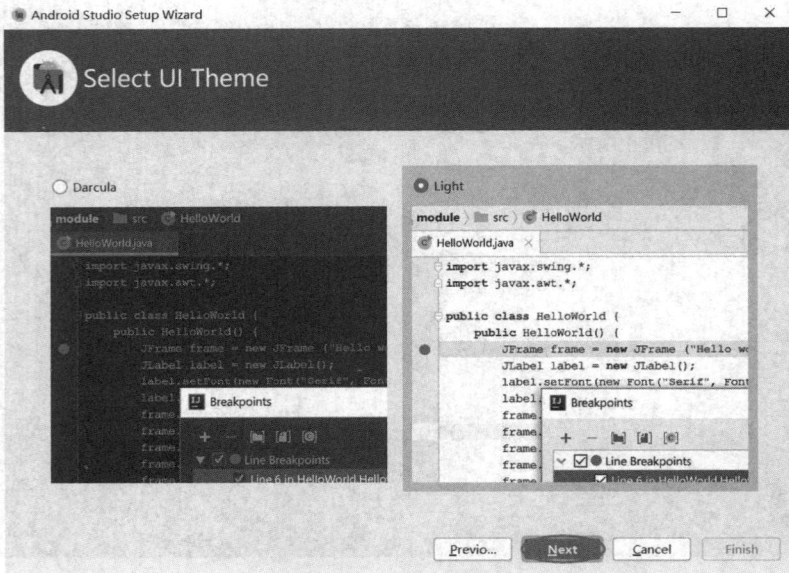

图1-21　　Select UI Theme**界面**

Select UI Theme 界面有两个选项，其中"Darcula"是深色界面风格，此项是默认选中项，"Light"是浅色界面风格。读者可以根据自己的喜好自行选择，本书这里选择"Light"。单击"Next"按钮，进入 Verify Settings 界面，如图1-22所示。

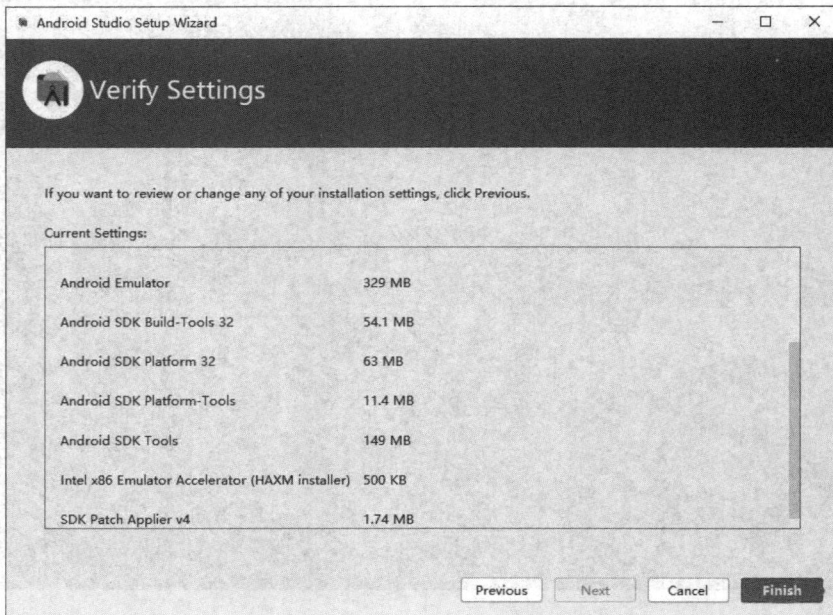

图1-22　　Verify Settings**界面**

Verify Settings界面会对Android Studio的运行环境进行检查,当检查通过后,单击"Finish"按钮。进入Downloading Components界面,开始下载必要的组件,如图1-23所示。

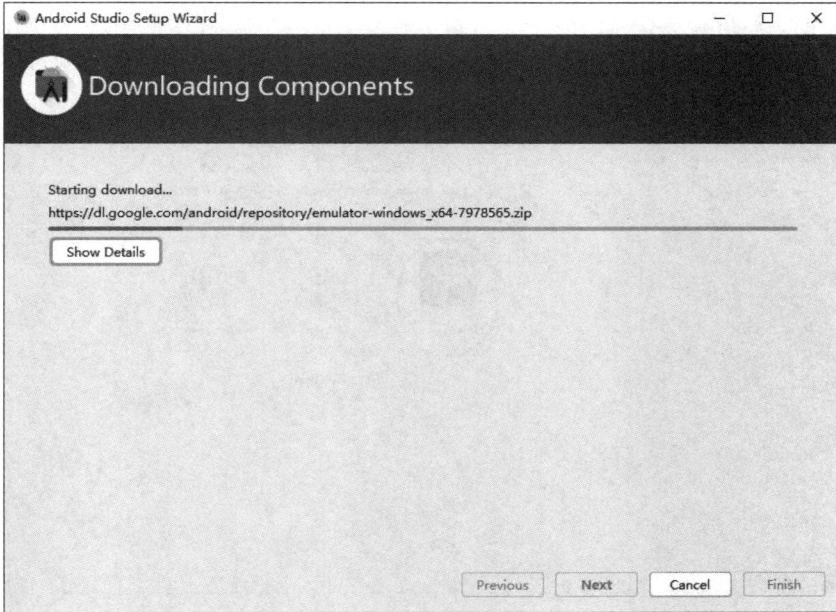

图1-23 Downloading Components界面

因计算机配置和网络情况不同,下载时间可能会较长,需耐心等待。下载完成后,单击"Finish"按钮,完成Android Studio Setup Wizard,如图1-24所示。

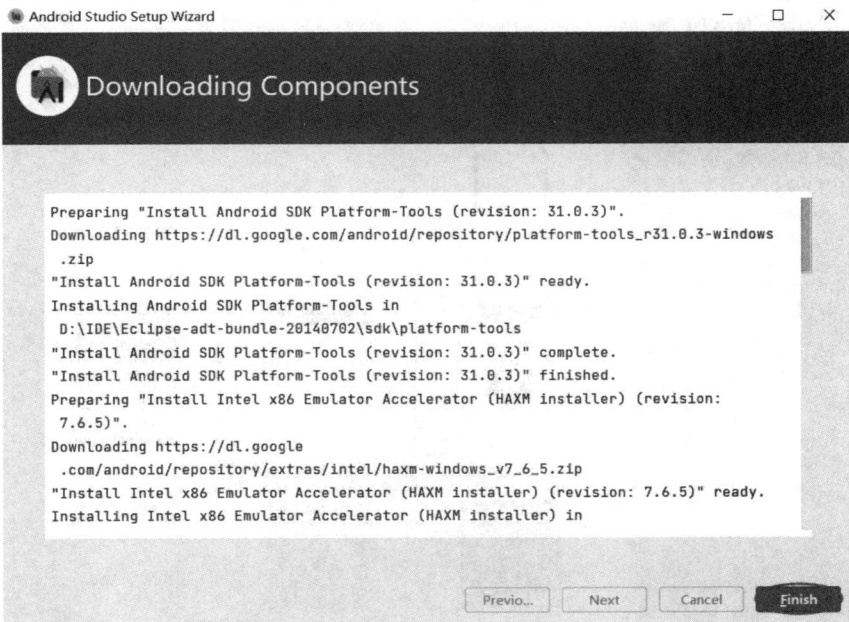

图1-24 下载组件完成

进入 Welcome to Android Studio 界面，如图 1-25 所示。

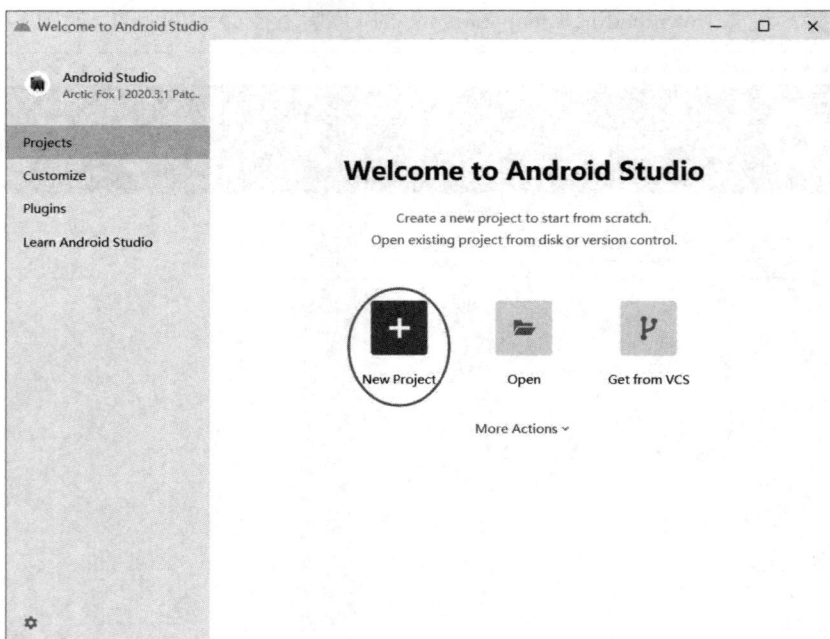

图1-25　Welcome to Android Studio**界面**

单击"New Project"按钮创建项目，进入 Templates 选择界面。界面左侧列表一共提供 4 类模板：Phone and Tablet（手机和平板）、Wear OS（穿戴设备）、Android TV（网络电视）、Automotive（车载）。若保持默认选中的"Phone and Tablet"，在右侧模板列表中，单击"Empty Activity"，如图 1-26 所示。

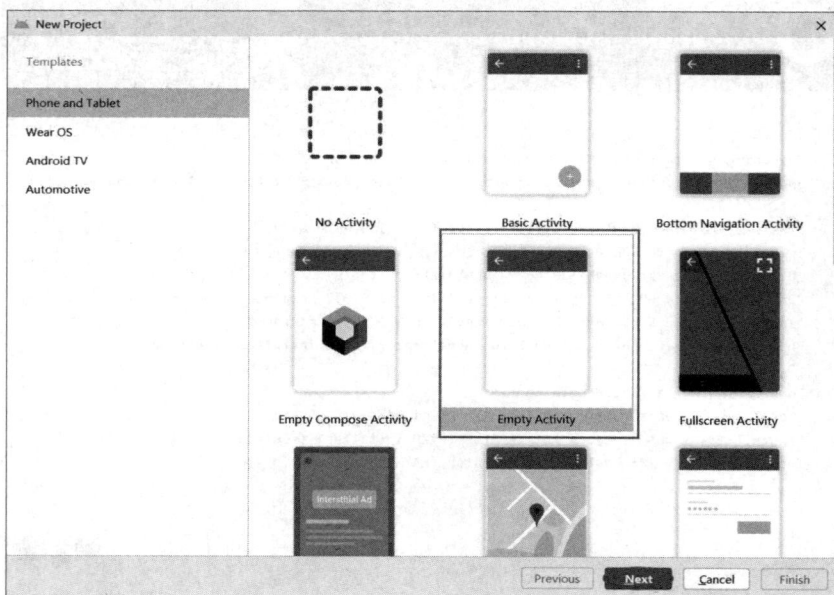

图1-26　Templates**选择界面**

在项目信息界面中输入相关信息，在"Name"项中输入"HelloWorld"，其他项目保持默认即可，如图1-27所示。

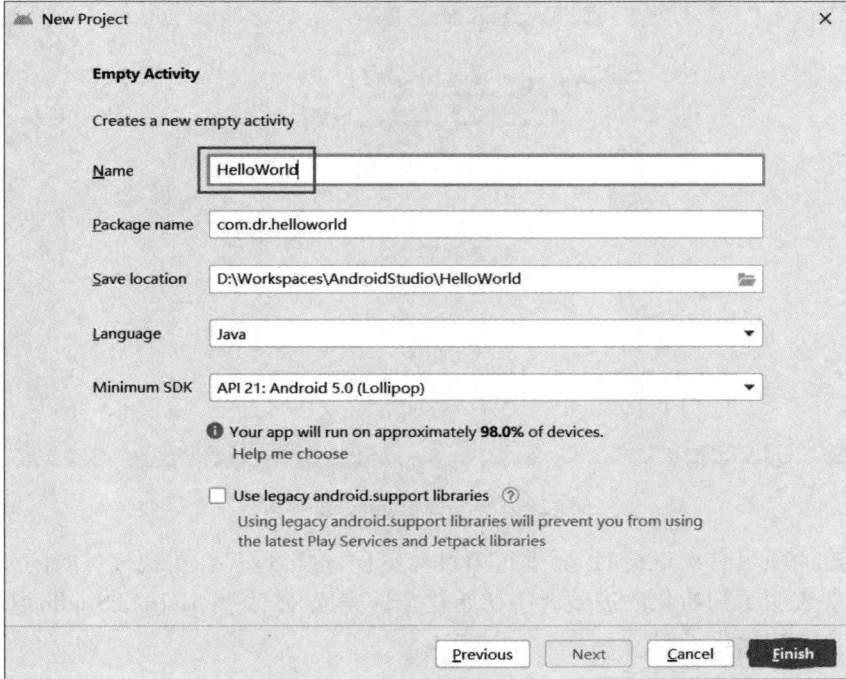

图1-27　项目信息界面

单击"Finish"按钮，进入 Installing Requested Components 界面开始下载项目所需的 Android SDK，如图1-28所示。

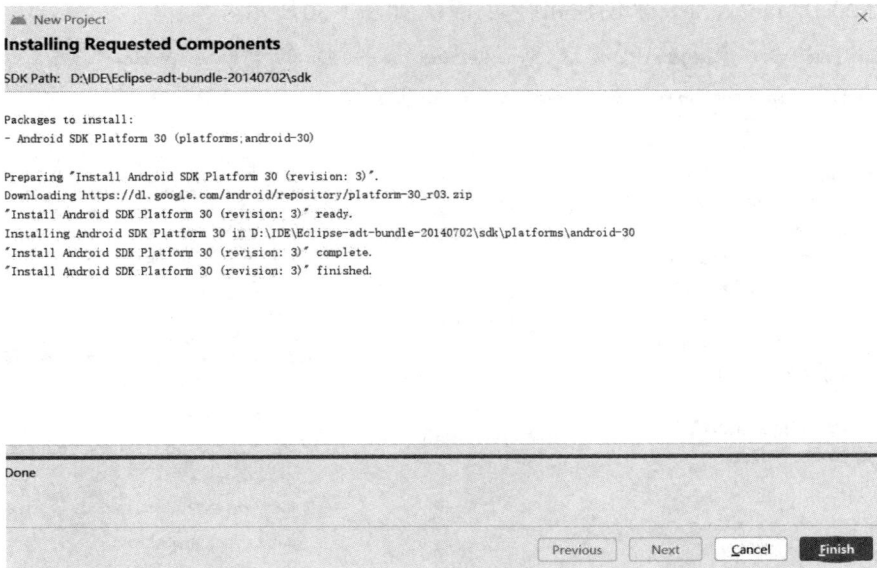

图1-28　Installing Requested Components界面

下载完成后,单击"Finish"按钮,进入 Android Studio 开发界面,如图1-29所示。

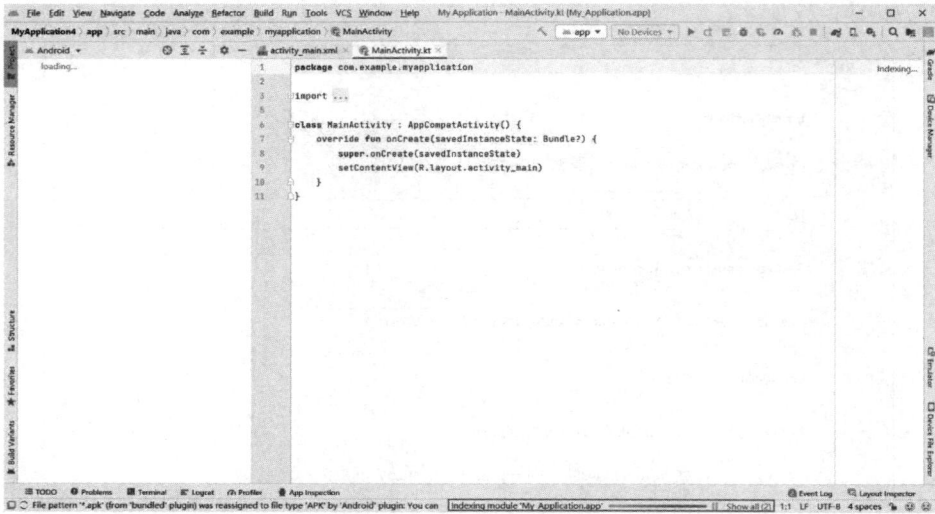

图1-29 Android Studio开发界面

新创建的项目首次运行时,会进行项目初始化,这个过程会花费较长时间,界面最下方的进度条表明了初始化的进度。待初始化全部完成,才表明 Android Studio 启动成功并完成了基本的初始化工作。

1.1.4 配置 AVD

AVD 的全称为 Android Virtual Device,是 Android 的虚拟设备(模拟器),使用模拟器进行调试,不用实时连接到物理设备上测试,方便调试。

运行 AVD Manager.exe 来创建和启动 AVD,如图1-30所示。

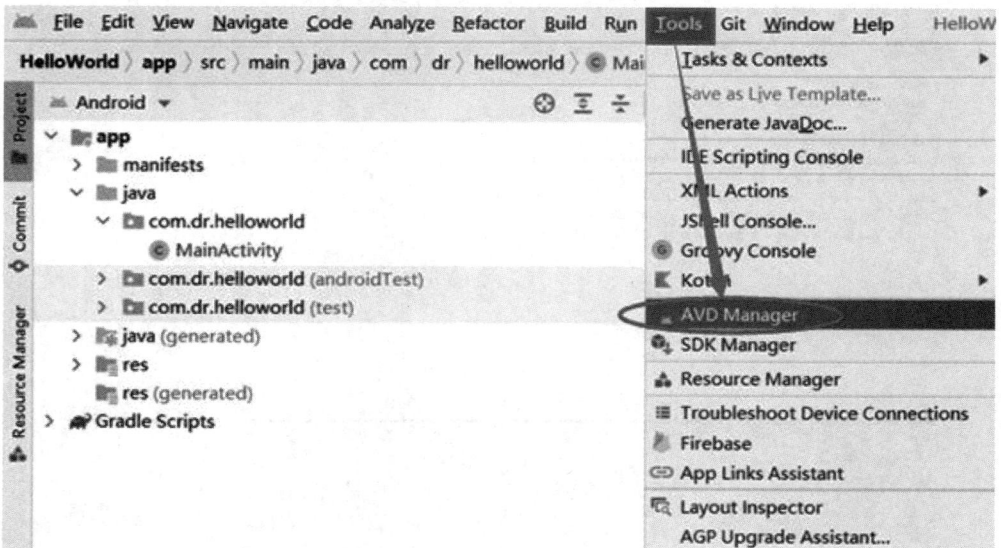

图1-30 运行 AVD Manager.exe 来创建和启动 AVD

首次启动Android Virtual Device Manager，因Your Virtual Devices窗口中没有可用的AVD设备，需直接单击"Create Virtual Device"按钮，开始创建AVD，如图1-31所示。

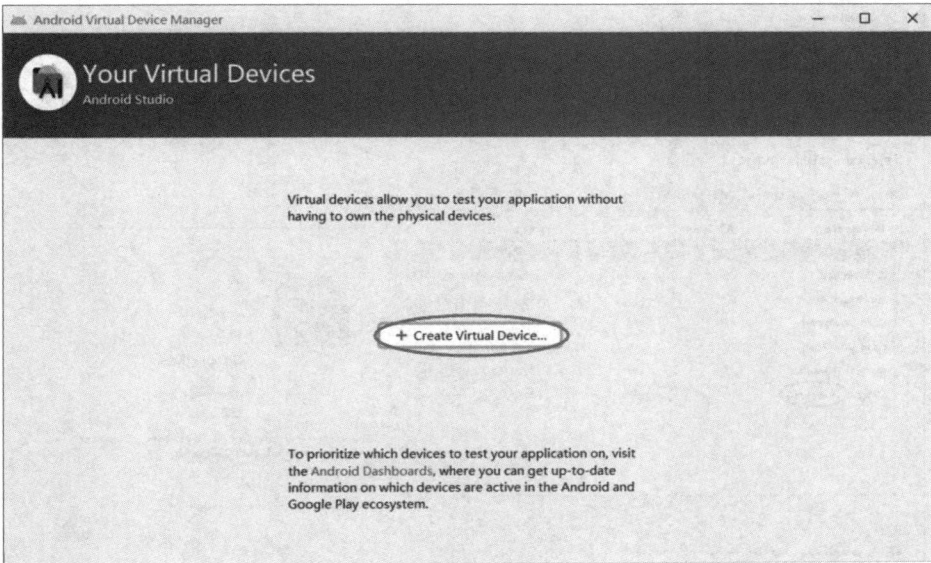

图1-31　Your Virtual Devices界面

进入Select Hardware窗口，选择模拟哪种硬件设备。在左侧列表中选择"Phone"，在中间的列表中选择"Pixel 2"，最后单击"Next"按钮，如图1-32所示。

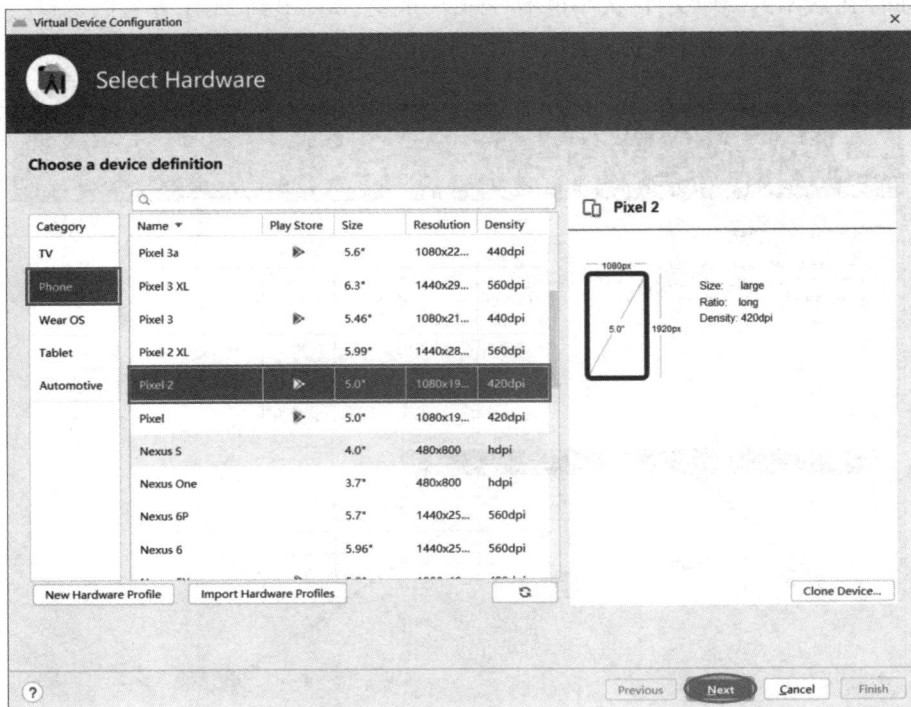

图1-32　Select Hardware界面

进入 System Image 窗口，选择与 Android API 版本对应的镜像文件。Android Studio 的安装包中不包含这些镜像文件，首次使用需要下载，如图 1-33 所示。

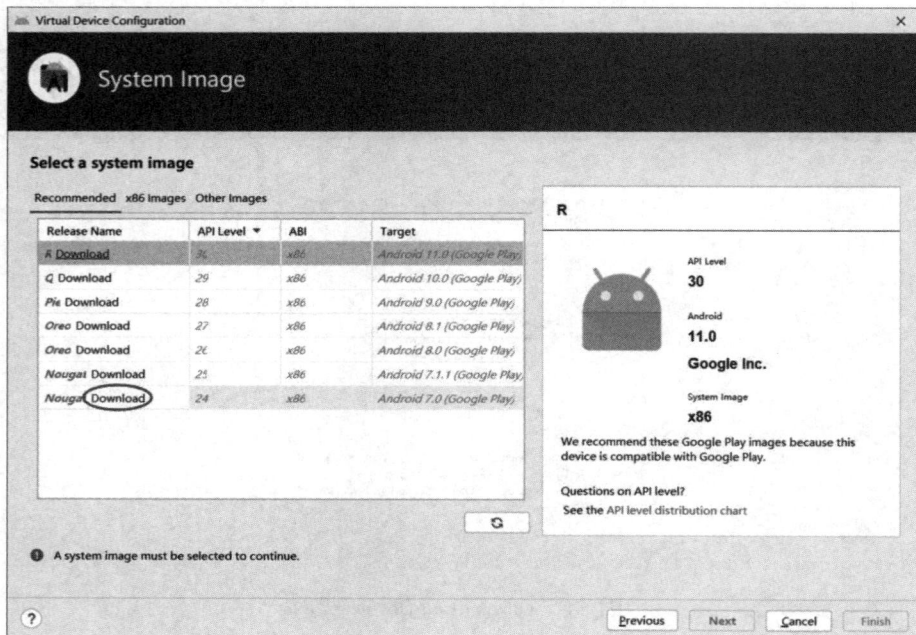

图1-33　System Image界面

不同 API 版本的镜像文件，大小也不一样，一般是 500 MB 到 2 GB，通常版本越高文件就越大。下载完成后，在列表项上单击选择后，"Next"就变为可用状态，如图 1-34 所示。

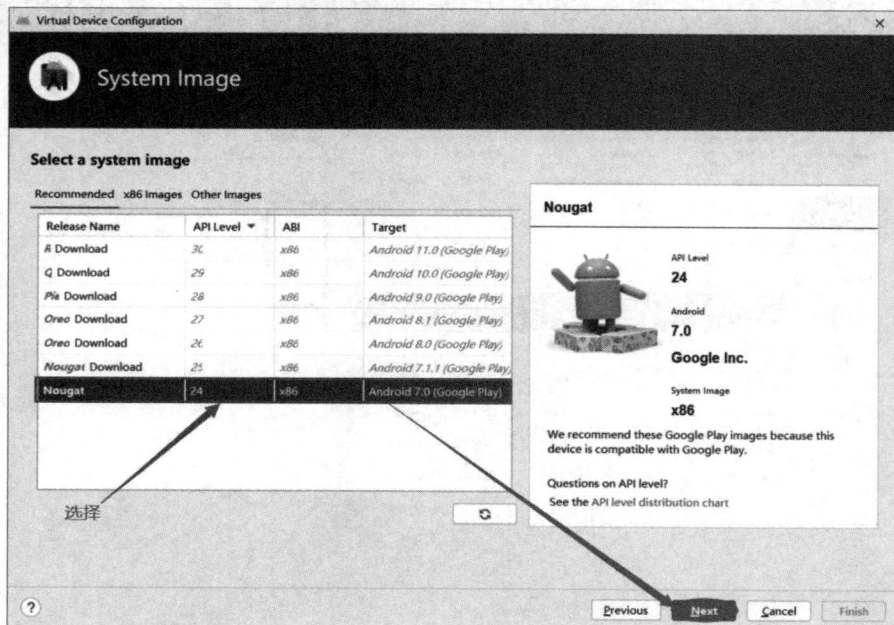

图1-34　System Image界面

单击"Next"按钮，打开Android Virtual Device(AVD)界面，在这里可以选择横屏或竖屏，默认是竖屏。还可以通过单击"Show Advanced Settings"按钮，进行高级设置。这里不作修改，如图1-35所示。

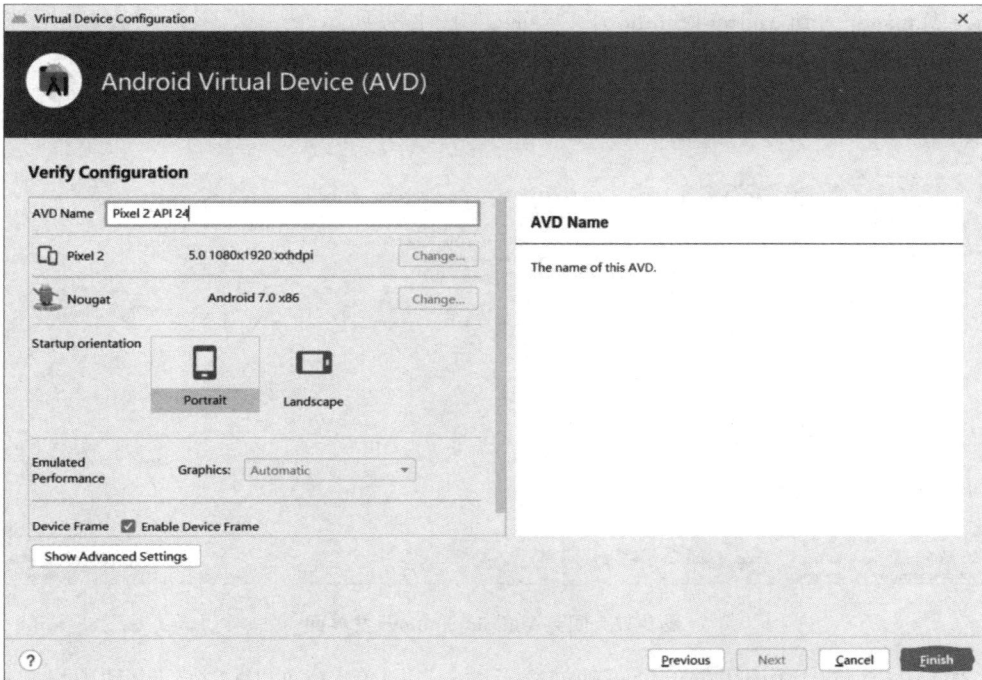

图1-35　Android Virtual Device(AVD)界面

单击"Finish"按钮关闭Android Virtual Device(AVD)界面，回到Your Virtual Devices界面，此时设备列表中就包含了刚刚创建的AVD设备，单击"▶"按钮，可以启动AVD，如图1-36所示。这里暂缓启动AVD。

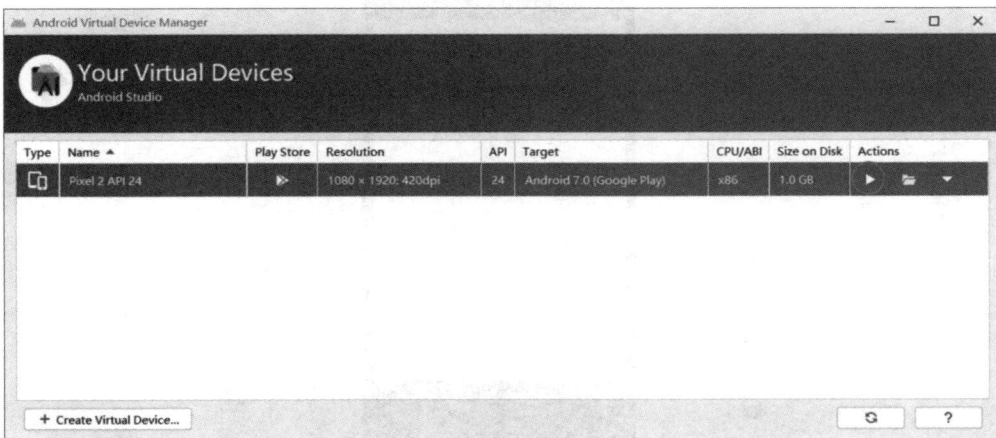

图1-36　回到Your Virtual Devices界面

1.1.5　测试项目

单击 Android Virtual Device Manager 界面右上角关闭按钮，关闭 Android Virtual Device Manager 回到 Android Studio 开发界面，如图 1-37 所示。

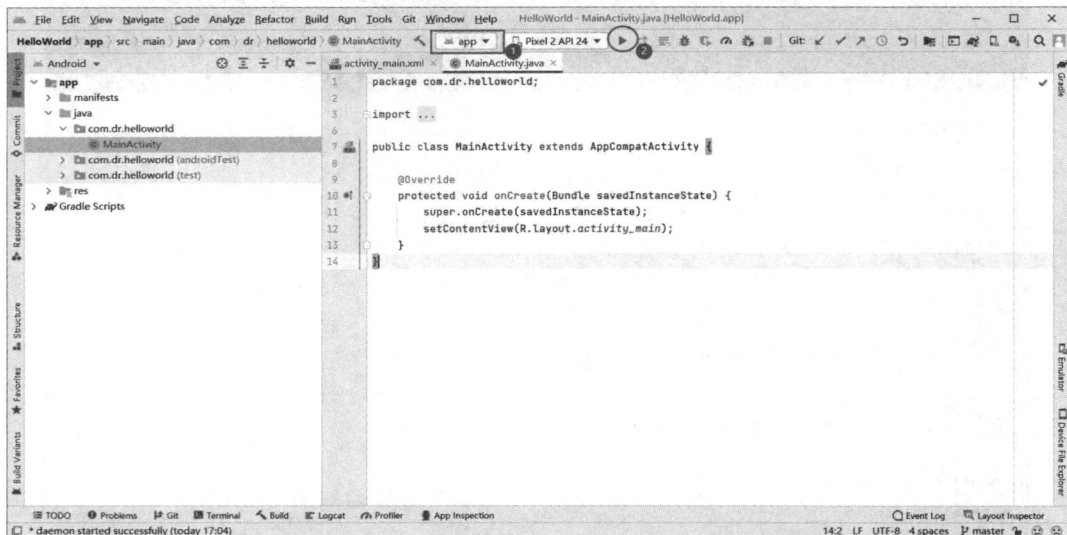

图1-37　回到Android Studio开发界面

如果图 1-37 中标记①处已经正确挂载了"app"，则单击②处"▶"按钮启动项目。在启动项目的同时，会自动启动 AVD，并把项目加载到 AVD 中。首次启动 AVD，加载内容很多，需要等待时间较长。AVD 启动完成后，会自动打开 App 项目，如图 1-38 所示。

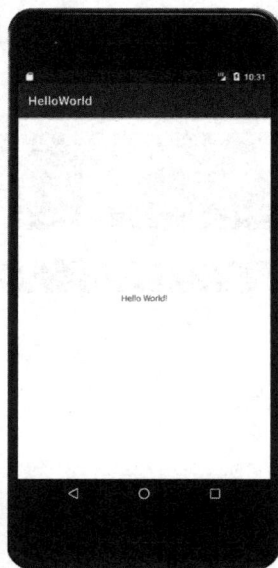

图1-38　AVD界面

1.1.6　创建车载应用

基于 1.1.3 节启动 Android Studio 时创建的 Project，在 Android Studio 开发界面，单击"File"菜单，在下拉菜单中，单击"New"菜单项，在其子菜单中，选择"New Module..."菜单项，如图 1-39 所示。

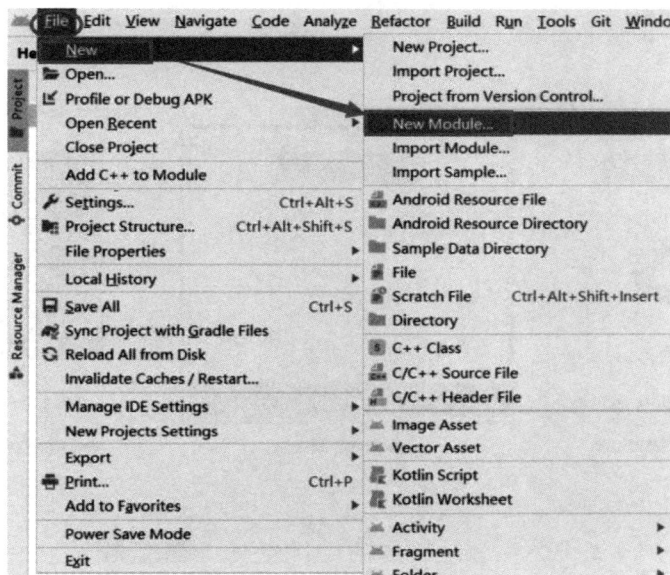

图1-39　New Module

进入 Create New Module，在"Application/Library name"中输入"Gesture"，单击"Next"按钮，如图 1-40 所示。

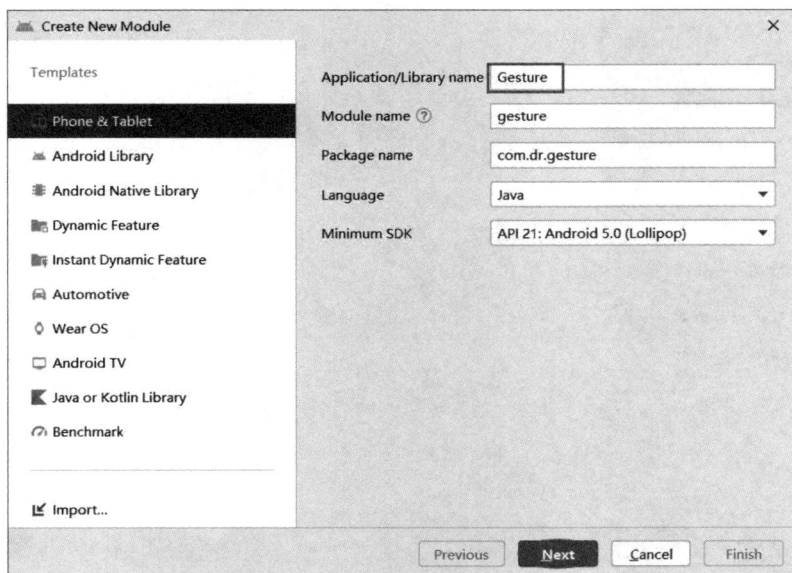

图1-40　Create New Module

在 Create New Module 的下一个界面选择一个模板，这里选择"Empty Activity"，如图 1-41 所示。

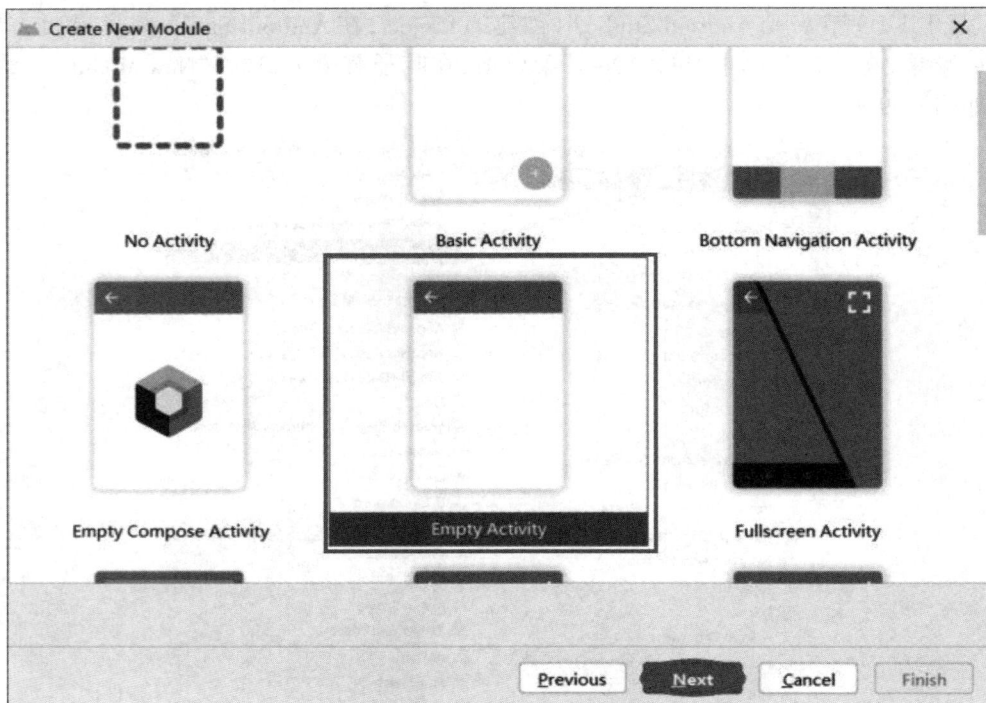

图1-41　选择"Empty Activity"

将 Create New Module 的最后一个界面保持默认值，不作改变，然后单击"Finish"按钮，如图 1-42 所示。

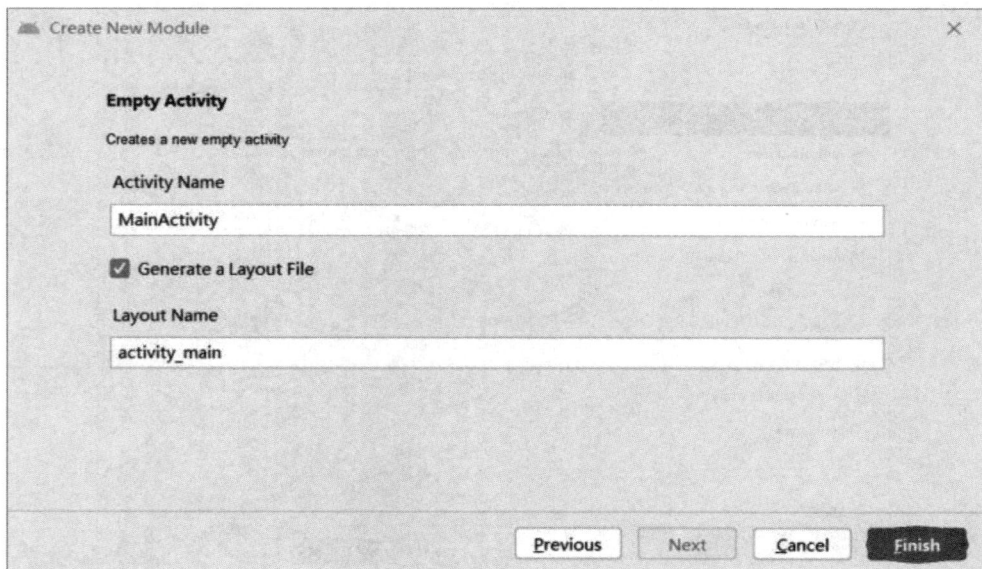

图1-42　Create New Module的最后一个界面

弹出 Add Files to Git 对话框，如图 1-43 所示。选择复选框"Don't ask again"单击"Cancel"按钮即可。

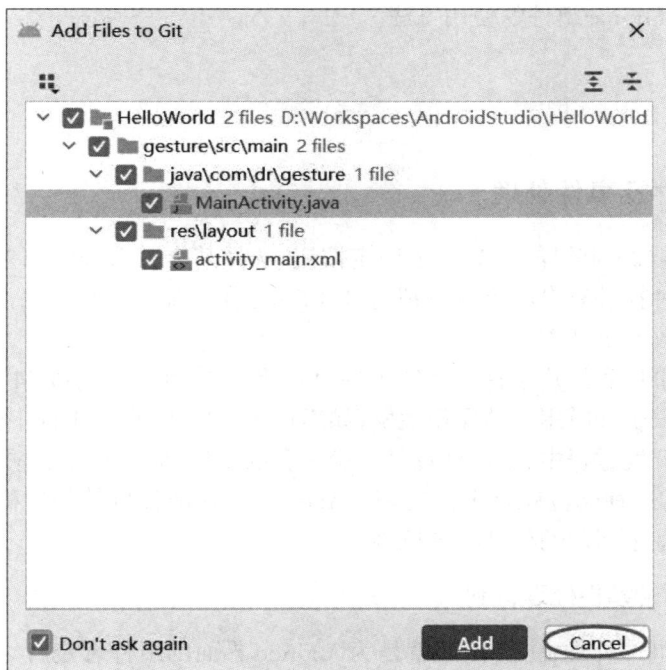

图1-43　Add Files to Git对话框

1.2　检测手势

任务描述

Gesture 是 Android 中特有的手势识别技术。
- 触摸屏手势识别。
- 输入法手势识别。

其中触摸屏手势识别，就是利用触摸屏的 Scroll、Fling 等 Gesture（手势）来操作屏幕，比如用 Scroll 手势在浏览器中滚屏，用 Fling 在阅读器中翻页等。

通过本任务的学习，利用 Gesture 的手势识别技术，实现手机相册的照片查看功能。

任务要求

①理解 Android 的事件及事件处理的概念。
②理解事件的两种处理方式。
③掌握相对布局的使用方法。

④掌握 Gesture Detector 接口及抽象方法的实现方式。
⑤掌握动画资源文件的制作及使用方法。
⑥掌握 View Flipper 组件的使用方法。

相关知识

1.2.1　事件及事件处理

事件是可以被识别的操作,如按下确定按钮,选择某个单选按钮或者复选框,到达某个时间点。每一种控件有自己可以识别的事件,如窗体的加载、单击、双击等事件,编辑框(文本框)的文本改变事件等。

事件有系统事件和用户事件。系统事件由系统激发,如时间每隔 24 h,银行储户的存款发生变更。用户事件由用户的操作激发,如用户点击按钮,在文本框中输入文本。

在前端程序开发过程中,事件处理是一份重要的工作,应用程序必须为用户或者系统的事件提供响应,这种响应就是事件处理。Android 支持两种事件处理机制:基于监听的事件处理机制和基于回调的事件处理机制。

(1)基于监听的事件处理机制

基于监听的事件处理:主要做法就是为 Android 界面的组件绑定特定的事件监听器。在基于监听的事件处理机制中,主要涉及 3 类对象。

①EventSource(事件源):事件发生的场所,通常是指各个组件。

②Event(事件):封装了界面组件发生的特定信息(通常指用户的一次操作)。

③Event Listener(事件监听器):负责监听事件源所发生的事件,并对各种事件作出相应的响应。

在监听机制下,事件处理采用委托机制,也就是说当事件源发生事件后,触发事件监听器,事件监听器根据注册的事件处理程序,将具体的事件委托给具体的处理程序进行处理,如图 1-44 所示。

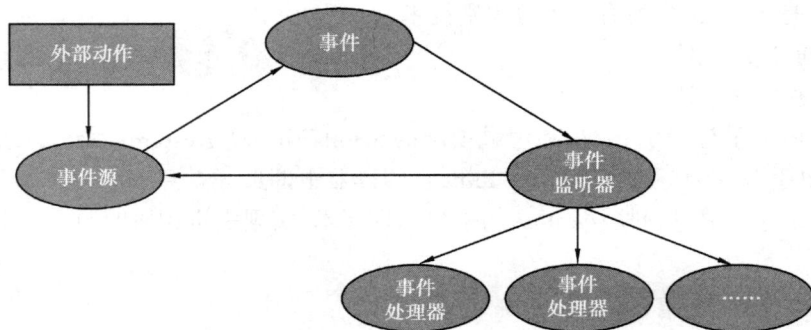

图1-44　基于监听的事件处理机制

执行流程:

①为某个事件源(界面组件)设置一个监听器,用于监听用户操作。
②当用户操作时,会触发事件源的监听器。
③生成对应的事件对象。
④将生成的事件对象作为参数传递给事件监听器。
⑤事件监听器对事件对象进行判断,执行对应的事件处理器。
View类中的内部接口:
1)OnClickListener接口
单击事件的事件监听器必须实现的接口。

public void onClick(View v)

- v表示事件发生的事件源
2)OnLongClickListener接口
长按事件的事件监听器必须实现的接口。

public boolean onLongClick(View view)

- view:为事件源控件,当长时间按下该控件时,才会触发该方法。
- 返回值:该方法的返回值是一个boolean类型的变量,当该变量为true时,表示已经完整地处理了长按事件,并不希望其他回调方法继续对其进行处理。
3)OnFocusChangeListener接口
焦点改变事件的事件监听器必须实现的接口。

public void onFocusChange(View v,boolean hasFocus)

- v:表示触发焦点发生改变事件的事件源。
- hasFocus:表示v是否获取焦点。
4)OnKeyListener接口
按键事件的事件监听器必须实现的接口。

public boolean onKey(View v,int keyCode,KeyEvent keyEvent)

- v:表示事件的事件源。
- keyCode:表示键盘的键盘码。
- keyEvent:表示键盘事件封装类的对象,其中包含了事件的详细信息。
5)OnTouchListener接口
触摸事件的事件监听器必须实现的接口。

public boolean onTouch(View v,MotionEvent motionEvent)

- v:表示事件源。

- motionEvent：表示事件封装类的对象，其中封装了触摸事件的详细信息，同样包括事件的类型、触发时间等信息。

（2）基于回调的事件处理机制

所谓基于回调的事件处理机制是指事件源和事件处理程序统一了，当事件发生时，直接调用事件源相关的方法完成具体事件处理。主要做法就是重写 Android 组件特定的回调方法，或者重写 Activity 的回调方法。Android 为绝大部分界面组件都提供了事件响应的回调方法，开发者只要重写它们即可。针对 View 对象，Android 提供了很多默认的事件处理方法，例如 onTouchEvent、onKeyDown 等。当自定义 View 时，只需要重写这些方法，就可以按照自己的业务逻辑去完成具体的事件处理。

基于回调的事件处理方式，适用于对通用的事件的处理。

1）键盘事件

①onKeyDown( )方法。

当 Android 设备上的物理按键被按下时，程序会回调 onKeyDown( )方法，该方法是接口 KeyEvent.Callback 中的抽象方法。Android 程序中所有的 View 都实现了 KeyEvent.Callback 接口并重写了 onKeyDown( )方法，该方法主要用于捕捉手机键盘被按下的事件。

```
public boolean onKeyDown(int keyCode,KeyEvent event)
```

- keyCode：表示被按下的键值。
- event：表示按键事件的对象，其中包含了触发事件的详细信息，例如事件的状态、事件的类型、事件的发生时间等。

②onKeyUp( )方法。

当 Android 设备上的物理按键弹起时，程序会回调 onKeyUp( )方法，该方法是接口 KeyEvent.Callback 中的抽象方法。Android 程序中所有的 View 都实现了 KeyEvent.Callback 接口并重写了 onKeyUp( )方法，该方法主要用于捕捉手机键盘弹起的事件。

```
public boolean onKeyUp(int keyCode,KeyEvent event)
```

- onKeyUp( )方法的 2 个参数的含义与 onKeyDown( )方法中对应参数的含义一样。

2）触摸事件

①onTouchEvent( )方法。

该方法是在 View 中进行定义的，并且所有 View 的子类中全部重写了 onTouchEvent( )方法，Android 程序可以通过该方法处理屏幕的触摸事件。

```
public boolean onTouchEvent(MotionEvent event)
```

- 返回值为 true 时，表示已经完整地处理了事件，并不希望其他的回调方法继续对其进行处理；而为 false 时，表示并没有完全处理完事件，希望其他回调方法继续对其进行处理。
- 一般情况下，onTouchEvent( )方法处理的事件分为 3 种：

MotionEvent.ACTION_DOWN：鼠标按下时。

MotionEvent.ACTION_UP：弹起事件。

MotionEvent.ACTION_MOVE：滑动事件。

②onFocusChanged( )方法。

onFocusChanged( )方法只能在 View 中重写。onFocusChanged( )方法是焦点改变的回调方法，当某个控件重写了该方法后，焦点发生变化时，会自动调用该方法来处理焦点改变的事件。

```
protected void onFocusChanged(boolean gainFocus,int direction,Rect previouslyFocusedRect)
```

- gainFocus：表示触发该事件的 View 是否获得了焦点，是为 true。
- direction：表示焦点移动的方向。
- previouslyFocusedRect：表示在触发事件的 View 的坐标系中，前一个获得焦点的矩形区域，如果该参数不可以，则设置为 null。

1.2.2　布局

（1）布局概述

为了让组件（TextView、Button 等）在不同的手机屏幕上都能运行良好（不同手机屏幕分辨率、尺寸并不完全相同），如果让程序手动控制每个组件的大小、位置，则将给编程带来巨大的困难，为了解决这个问题，Android 提供了布局管理器。布局管理器可以根据运行平台来调整组件的大小，程序员要做的只是为容器选择合适的布局管理器。

每当 Acitivity.setContentView(@LayoutRes int layoutResID)方法被调用，或者一个 View 通过 LayoutInflater 对象 inflater 出来，那么相关的布局文件就会被加载并解析出来。XML 文件中每个大写的 XML 节点对应着一个 View 对象，它们被系统实例化。在 Acitviity 或者 Fragment 的整个生命周期中，它们都是 UI 层级的一部分，会影响到应用程序使用过程中的分配。

（2）布局层级管理

每当系统绘制一个布局时，由两个步骤完成：

1）绘制（Measurement）

- 根布局测量自身。
- 根布局要求它内部所有子组件测量自身。
- 所有子布局都需要让它们内部的子组件完成这样的操作，直到遍历完视图层级中所有的 View。

2）摆放（Positioning）

- 当布局中所有的 View 都完成了测量，根布局则开始将它们摆放到合适的位置。
- 所有子布局都需要做相同的事情，直到遍历完视图层级中所有的 View。

当某个 View 的属性发生变化（如：TextView 内容变化或 ImageView 图像发生变化），View 自身会调用 View.invalidate( )方法（必须从 UI 线程调用），自底向上传播该请求，直到根布局(根布局会计算出需要重绘的区域,进而对整个布局层级中需要重绘的部分进行重绘)。布局层级越复杂,UI加载的速度就越慢。因此,在编写布局时,尽可能地扁平化是非常重要的。

FrameLayout 和 TableLayout 有各自的特殊用途,LinearLayout 和 RelativeLayout 是可以互换的,ConstraintLayout 和 RelativeLayout 类似。也就是说,在编写布局时,可以选择其中一种,也可以以不同的方式来编写下面这个简单的布局,如图1-45所示。

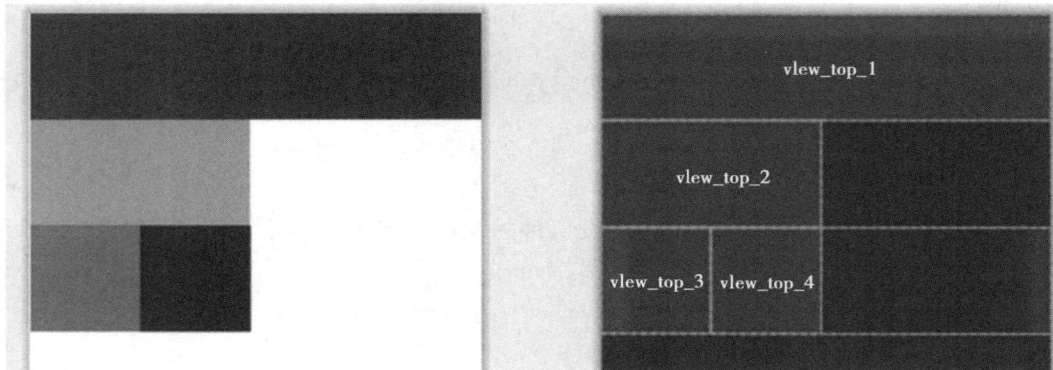

图1-45　布局体系

第一种方式是使用 LinearLayout,虽然可读性比较强,但是性能比较差。由于嵌套 LinearLayout 会加深视图层级,每次摆放子组件时,相对需要消耗更多的计算。

```xml
<?xml version="1.0" encoding="utf-8"?>
<LinearLayout xmlns:android="http://schemas.android.com/apk/res/android"
    android:layout_width="match_parent"
    android:layout_height="match_parent"
    android:orientation="vertical">
    <View
    android:id="@+id/view_top_1"
    android:layout_width="match_parent"
    android:layout_height="100dp"
    android:background="@color/color_666666"/>
    <View
    android:id="@+id/view_top_2"
    android:layout_width="200dp"
    android:layout_height="100dp"
    android:background="@color/teal_200"/>
    <LinearLayout
    android:layout_width="match_parent"
    android:layout_height="wrap_content"
    android:orientation="horizontal">
```

```
    <View
        android:id="@+id/view_top_3"
        android:layout_width="100dp"
        android:layout_height="100dp"
        android:background="@color/color_FF773D"/>
    <View
        android:id="@+id/view_top_4"
        android:layout_width="100dp"
        android:layout_height="100dp"
        android:background="@color/purple_500"/>
    </LinearLayout>
</LinearLayout>
```

LinearLayout 视图层级，如图 1-46 所示。

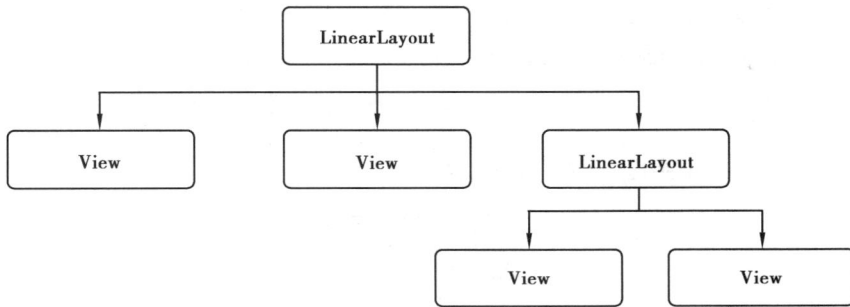

图1-46　LinearLayout视图层级

第二种方法基于 RelativeLayout，在这种情况下，不需要嵌套其他 ViewGroup，因为每个子 View 可以相当于其他 View，或相对于父控件进行摆放。

```
<?xml version="1.0" encoding="utf-8"?>
    <RelativeLayout xmlns:android="http://schemas.android.com/apk/res/android"
    android:layout_width="match_parent"
    android:layout_height="match_parent">
    <View
    android:id="@+id/view_top_1"
    android:layout_width="match_parent"
    android:layout_height="100dp"
    android:background="@color/color_666666"/>
    <View
    android:id="@+id/view_top_2"
    android:layout_width="200dp"
```

```
        android:layout_below="@id/view_top_1"
        android:layout_height="100dp"
        android:background="@color/teal_200"/>
    <View
        android:id="@+id/view_top_3"
        android:layout_width="100dp"
        android:layout_below="@id/view_top_2"
        android:layout_height="100dp"
        android:background="@color/color_FF773D"/>
    <View
        android:id="@+id/view_top_4"
        android:layout_width="100dp"
        android:layout_below="@id/view_top_2"
        android:layout_toRightOf="@id/view_top_3"
        android:layout_height="100dp"
        android:background="@color/purple_500"/>
</RelativeLayout>
```

RelativeLayout 视图层级, 如图 1-47 所示。

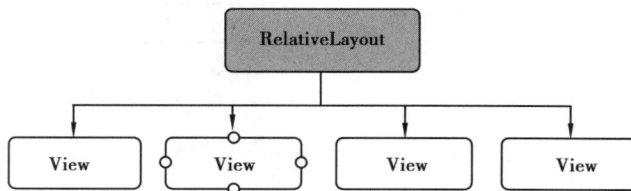

图1-47　RelativeLayout视图层级

通过两种方式, 可以很容易看出, 第一种方式 LinearLayout 需要 3 个视图层级和 6 个 View, 第二种方式 RelativeLayout 仅需要 2 个视图层级和 5 个 View。

当然, 虽然 RelativeLayout 效率更高, 但不是所有情况都能通过相对布局的方式来完成控件摆放。所以通常情况下, 这两种方式需要配合使用。

注意: 为了保证应用程序的性能, 在创建布局时, 需要尽量避免重绘, 布局层级应尽可能地扁平化, 这样当 View 被重绘时, 可以减少系统花费的时间。在条件允许的情况下, 尽量使用 RelativeLayout 和 ConstraintLayout, 而非 LinearLayout, 或者用 GridLayoutl 来替换 LinearLayout。

（3）布局复用

Android SDK 提供了一个非常有用的标签。在某些情况下, 当希望在其他布局中使用一些已存在的布局时, <include/>标签可通过制订相关引用ID, 将一个布局添加到另一个布局。比如自定义一个标题栏, 那么可以按照下面的方式, 创建一个可重复用的布局文件。

```xml
<?xml version="1.0" encoding="utf-8"?>
<RelativeLayout xmlns:android="http://schemas.android.com/apk/res/android"
    android:layout_width="match_parent"
    android:layout_height="wrap_content">
    <View
    android:id="@+id/view_top_1"
    android:layout_width="match_parent"
    android:layout_height="100dp"
    android:background="@color/color_666666"/>
</RelativeLayout>
```

接着,将<include/>标签放入相应的布局文件中,替换掉对应的View。

```xml
<?xml version="1.0" encoding="utf-8"?>
<RelativeLayout xmlns:android="http://schemas.android.com/apk/res/android"
    android:layout_width="match_parent"
    android:layout_height="match_parent">
    <include layout="@layout/include_layout"/>
    <View
    android:id="@+id/view_top_2"
    android:layout_width="200dp"
    android:layout_height="100dp"
    android:background="@color/teal_200"/>
    <View
    android:id="@+id/view_top_3"
    android:layout_width="100dp"
    android:layout_height="100dp"
    android:background="@color/color_FF773D"/>
</RelativeLayout>
```

这样当希望重用某些View时,就不用以复制/粘贴的方式来实现,只需要定义一个layout文件,然后通过<include/>引用即可。但是这样做,可能会引入一个冗余的ViewGroup(重用的布局文件的根视图)。

为此,Android SDK提供了另一个标签,用来减少布局冗余,让层级变得更加扁平化。只需要将可重用的根视图,替换为<merge/>标签即可。

```xml
<?xml version="1.0" encoding="utf-8"?>
<merge xmlns:android="http://schemas.android.com/apk/res/android"
    android:layout_width="match_parent"
```

```
    android:layout_height="wrap_content">
    <View
    android:id="@+id/view_top_1"
    android:layout_width="match_parent"
    android:layout_height="100dp"
    android:background="@color/color_666666"/>
</merge>
```

这样就没有了冗余的视图控件,因为系统会忽略<merge/>标签,并将<merge/>标签中的视图直接放置在相应的布局文件中,替换<include/>标签。

使用此标签时,需要记住它的两个主要限制。

①它只能作为布局文件的根来使用。

②每次调用 LayoutInflater.inflate( )时,必须为<merge/>布局文件提供一个 View,作为其父容器。

```
LayoutInflater.from(this).inflate(R.layout.merge_layout,parent,true);
```

(4)布局管理器

Android 的布局管理器(通常被称为布局)本身就是个 UI 组件,所有的布局管理器都是 ViewGroup 的子类,而 ViewGroup 是 View 的子类,如图 1-48 所示。所以布局管理器可以当成普通的 UI 组件使用,也可以作为容器类使用,可以调用多个重载 addView( )向布局管理器中添加组件,并且布局管理器可以互相嵌套,当然不推荐过多的嵌套(如果要兼容低端机型,最好不要超过 5 层)。

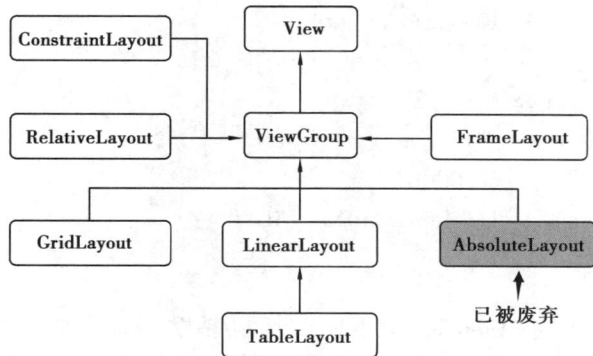

图1-48　布局体系

Android SDK 包含了许多布局类,在为视图、Fragment 和 Activity 创建 UI 时,可以使用和修改这些类,还可以创建自己的布局类。

Android 六大基本布局:

①LinearLayout:线性布局;

②FrameLayout:框架布局;

③RelativeLayout：相对布局；

④TableLayout：表格布局；

⑤GridLayout：网格布局；

⑥AbsoluteLayout：绝对布局。

另外，在 Android Studio 2.2开始新增了一个 ConstraintLayout（约束布局）。

（5）线性布局（LinearLayout）

LinearLayout是一个视图组，呈线性横向或纵向，依次绘制每个被添加进来的子组件，是一种常用的布局。

LinearLayout 的所有子组件依次堆叠，因此无论子视图有多宽，垂直列表每行均只有一个子组件，水平列表将只有一行高（最高子组件的高度加上内边距）。LinearLayout 会考虑子组件之间的边距以及每个子组件的对齐方式（右对齐、居中对齐或左对齐）。

LinearLayout 还支持使用 android：layout_weight 属性为各个子组件分配权重。此属性会根据视图应在屏幕上占据的空间大小，向视图分配"重要性"值。如果拥有更大的权重值，视图便可展开，填充父视图中的任何剩余空间。子组件可指定权重值，然后系统会按照子组件所声明的权重值比例，为其分配视图组中的任何剩余空间。默认权重为零。

LinearLayout 常用 XML 属性、相关方法及说明见表 1-1。

表1-1 LinearLayout常用XML属性和相关方法

XML 属性	相关方法	说明
android：baselineAligned	setBaselineAligned（boolean）	设置为 false 时，防止布局对齐其子项的基线
android：baselineAlignedChildIndex	setBaselineAlignedChildIndex（int）	当线性布局是另一个基线对齐的布局的一部分时，它可以指定基线对齐到其子项中的哪个子项（即，哪个子项 TextView）
android：divider	setDividerDrawable（Drawable）	可绘制用作按钮之间的垂直分隔线
android：gravity	setGravity（int）	指定对象应如何在其自身边界内在 X 轴和 Y 轴上定位其内容
android：measureWithLargestChild	setMeasureWithLargestChildEnbled（boolean）	当设置为 true 时，所有有重量的孩子都将被认为是最大孩子的最小尺寸
android：orientation	setOrientation（int）	布局应该是一列还是一行？对行使用"horizontal"，对列使用"vertical"
android：weightSum	setWeightSum（float）	定义最大权重总和

　　LinearLayout 包含的所有子元素都受 LinearLayout. LayoutParams 控制，因此 LinearLayout 包含的子元素可以额外指定下列属性。LinearLayout.LayoutParams（子组件）常用XML属性和相关方法说明见表1-2。

表1-2　LinearLayout.LayoutParams（子组件）常用XML属性和相关方法

XML属性	相关方法	说明
android:layout_gravity	setGravity(int)	Gravity 指定组件应如何放置在其单元组中。必须是 Gravity 常量值中的一个或多个（以"|"分隔）
android:layout_weight		指示 LinearLayout 中有多少额外空间分配给与这些 Layout-Params 关联的视图

　　Gravity 常量（必须使用一个或多个以"|"分隔。如:right|top）见表1-3。

表1-3　Gravity常量

常量	值	描述
center	11	将对象放置在其容器的垂直和水平轴的中心,不改变其大小
center_horizontal	1	将对象放置在其容器的水平中心,不改变其大小
center_vertical	10	将对象放置在其容器的垂直中心,不改变其大小
clip_horizontal	8	可以设置为将子项的左边缘和/或右边缘剪裁到其容器边界的附加选项。剪辑将基于水平重力:左重力将剪辑右边缘,右重力将剪辑左边缘,两者都不会剪辑两个边缘
clip_vertical	80	可以设置为将子项的顶部和/或底部边缘剪裁到其容器边界的附加选项。剪辑将基于垂直重力:顶部重力将剪辑底部边缘,底部重力将剪辑顶部边缘,两者都不会剪辑两个边缘
fill	77	如果需要,增加对象的水平和垂直大小,使其完全填满其容器
fill_horizontal	7	如果需要,增加对象的水平尺寸,使其完全填满其容器
fill_vertical	70	如果需要,增大对象的垂直尺寸,使其完全填满其容器
left	3	将对象推到其容器的左侧,而不改变其大小
right	5	将对象推到其容器的右侧,而不改变其大小
bottom	50	将对象推到其容器的底部,而不改变其大小
top	30	将对象推到其容器的顶部,而不改变其大小
start	800003	将对象推到其容器的开头,而不改变其大小
end	800005	将对象推到其容器的末端,而不改变其大小

1)均等分布

如要创建线性布局,让每个子组件使用大小相同的屏幕空间,请将每个视图的 android:layout_height 设置为"0dp"(针对垂直布局),或将每个视图的 android:layout_width 设置为"0dp"(针对水平布局)。然后,请将每个视图的 android:layout_weight 设置为"1",如图1-49所示。

图1-49　均等分布

```xml
<?xml version="1.0" encoding="utf-8"?>
<LinearLayout xmlns:android="http://schemas.android.com/apk/res/android"
    android:layout_width="match_parent"
    android:layout_height="match_parent"
    android:orientation="vertical">
    <LinearLayout
    android:id="@+id/ll_top"
    android:layout_width="match_parent"
    android:layout_weight="1"
    android:background="@color/color_188FFF"
    android:orientation="horizontal"
    android:layout_height="0dp">
    </LinearLayout>
    <LinearLayout
    android:id="@+id/ll_bottom"
    android:layout_width="match_parent"
```

```
    android:layout_weight="1"
    android:orientation="horizontal"
    android:background="@color/color_ff0000"
    android:layout_height="0dp">
    </LinearLayout>
</LinearLayout>
```

2）不等分布

也可创建线性布局,让子元素使用大小不同的屏幕空间,如图1-50所示。

①如果有3个文本字段,其中两个声明权重为1,另一个未赋予权重,那么没有权重的第三个文本字段就不会展开,而仅占据其内容所需的区域。另一方面,另外两个文本字段将以同等幅度展开,填充测量3个字段后仍剩余的空间。

②如果有3个文本字段,其中两个字段声明权重为1,而为第三个字段赋予权重2(而非0),那么现在相当于声明第三个字段比另外两个字段更为重要。因此,该字段将获得总剩余空间的一半,而其他两个字段均享余下的空间。

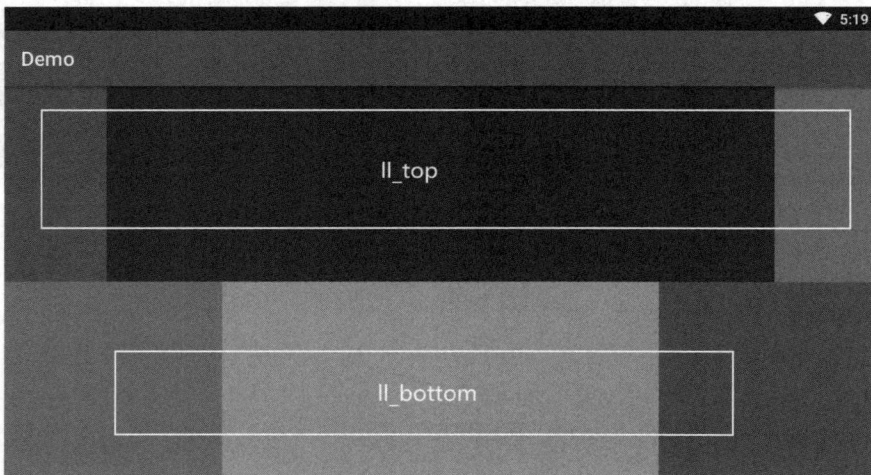

图1-50 不等分布

```
<?xml version="1.0" encoding="utf-8"?>
<LinearLayout xmlns:android="http://schemas.android.com/apk/res/android"
    android:layout_width="match_parent"
    android:layout_height="match_parent"
    android:orientation="vertical">
    <LinearLayout
    android:id="@+id/ll_top"
    android:layout_width="match_parent"
    android:layout_weight="1"
```

```xml
        android:background="@color/color_188FFF"
        android:orientation="horizontal"
        android:layout_height="0dp">
    <View
            android:id="@+id/view_top_1"
            android:layout_width="100dp"
            android:layout_height="match_parent"
            android:background="@color/color_666666"/>
    <View
            android:id="@+id/view_top_2"
            android:layout_width="0dp"
            android:layout_height="match_parent"
            android:layout_weight="1"
            android:background="@color/white"/>
    <View
            android:id="@+id/view_top_3"
            android:layout_width="100dp"
            android:layout_height="match_parent"
            android:background="@color/color_FF773D"/>
</LinearLayout>
<LinearLayout
        android:id="@+id/ll_bottom"
        android:layout_width="match_parent"
        android:layout_weight="1"
        android:orientation="horizontal"
        android:background="@color/color_ff0000"
        android:layout_height="0dp">
    <View
            android:id="@+id/view_bottom_1"
            android:layout_width="0dp"
            android:layout_height="match_parent"
            android:layout_weight="1"
            android:background="@color/color_666666"/>
    <View
            android:id="@+id/view_bottom_2"
            android:layout_width="0dp"
            android:layout_height="match_parent"
            android:layout_weight="2"
            android:background="@color/white"/>
```

```
<View
    android:id="@+id/view_bottom_3"
    android:layout_width="0dp"
    android:layout_height="match_parent"
    android:layout_weight="1"
    android:background="@color/color_FF773D"/>
    </LinearLayout>
</LinearLayout>
```

（6）相对布局（RelativeLayout）

RelativeLayout 是一个视图组，每个子组件位置是相对的，可以相对于同一层级下其他控件，也可以相对于父控件。

RelativeLayout 是设计用户界面的非常强大的实用程序，它可以消除嵌套视图组并保持布局层次结构平坦，从而提高性能。如果发现自己使用了多个嵌套 LinearLayout 组，则可以将它们替换为单个 RelativeLayout。

RelativeLayout 让子视图指定它们相对于父视图或彼此的位置（由 ID 指定）。因此，如果 A 组件的位置是由 B 组件的位置来决定，Android 要求先定义 B 组件，再定义 A 组件。

RelativeLayout 常用 XML 属性和相关方法说明见表1-4。

表1-4　RelativeLayout常用XML属性和相关方法

XML 属性	相关方法	说明
android:gravity	setGravity(int)	指定对象应如何在其自身边界内的 X 轴和 Y 轴上定位其内容 必须是 Gravity 常量值中的一个或多个（以"|"分隔）
android:ignoreGravity	setIgnoreGravity(int)	指示哪个视图不应受重力影响

为了控制 RelativeLayout 布局容器中各子组件的布局分布，RelativeLayout 提供了一个内部类：RelativeLayout.LayoutParams，该类提供了大量的 XML 属性来控制 RelativeLayout 布局容器中子组件的布局分布。RelativeLayout.LayoutParams 里设的 XML 属性和说明见表1-5。

表1-5　RelativeLayout.LayoutParams里设的XML属性和说明

XML 属性	说明
android:layout_above	将此视图的底部边缘定位在给定的锚视图 ID 上方
android:layout_alignBaseline	将此视图的基线定位在给定的锚视图 ID 的基线上
android:layout_alignBottom	使此视图的底部边缘与给定的锚视图 ID 的底部边缘匹配
android:layout_alignEnd	使此视图的结束边缘与给定的锚视图 ID 的结束边缘匹配
android:layout_alignLeft	使此视图的左边缘与给定的锚视图 ID 的左边缘匹配

续表

XML属性	说明
android:layout_alignParentBottom	如果为true,则使此视图的底部边缘与父视图的底部边缘匹配
android:layout_alignParentEnd	如果为true,则使此视图的结束边缘与父视图的结束边缘匹配
android:layout_alignParentLeft	如果为true,则使此视图的左边缘与父视图的左边缘匹配
android:layout_alignParentRight	如果为true,则使此视图的右边缘与父视图的右边缘匹配
android:layout_alignParentStart	如果为true,则使此视图的起始边缘与父视图的起始边缘匹配
android:layout_alignParentTop	如果为true,则使此视图的顶部边缘与父视图的顶部边缘匹配
android:layout_alignRight	使此视图的右边缘与给定的锚视图ID的右边缘匹配
android:layout_alignStart	使此视图的起始边缘与给定的锚视图ID的起始边缘匹配
android:layout_alignTop	使此视图的顶部边缘与给定的锚视图ID的顶部边缘匹配
android:layout_alignWithParentIfMissing	如果设置为true,则在layout_toLeftOf、layout_toRightOf等无法找到锚点时,将使用父级作为锚点
android:layout_below	将此视图的顶部边缘定位在给定的锚视图ID下方
android:layout_centerHorizontal	如果为true,则此子项在其父项内水平居中
android:layout_centerInParent	如果为true,则此子项在其父项内水平和垂直居中
android:layout_centerVertical	如果为true,则将此子项垂直居中于其父项内
android:layout_toEndOf	将此视图的起始边缘定位到给定的锚视图ID的末尾
android:layout_toLeftOf	将此视图的右边缘定位在给定的锚视图ID的左侧
android:layout_toRightOf	将此视图的左边缘定位在给定的锚视图ID的右侧
android:layout_toStartOf	将此视图的结束边缘定位到给定的锚视图ID的开始处
android:layout_above	将此视图的底部边缘定位在给定的锚视图ID上方

①不设置相对位置(重叠在一起),如图1-51所示。

图1-51　不设置相对位置

```xml
<?xml version="1.0" encoding="utf-8"?>
<RelativeLayout xmlns:android="http://schemas.android.com/apk/res/android"
    android:layout_width="match_parent"
    android:layout_height="match_parent">
    <View
    android:id="@+id/view_top_1"
    android:layout_width="match_parent"
    android:layout_height="100dp"
    android:background="@color/color_666666"/>
    <View
    android:id="@+id/view_top_2"
    android:layout_width="200dp"
    android:layout_height="100dp"
    android:background="@color/teal_200"/>
    <View
    android:id="@+id/view_top_3"
    android:layout_width="100dp"
    android:layout_height="100dp"
    android:background="@color/color_FF773D"/>
</RelativeLayout>
```

②设置相对位置，未出现重叠，如图1-52所示。

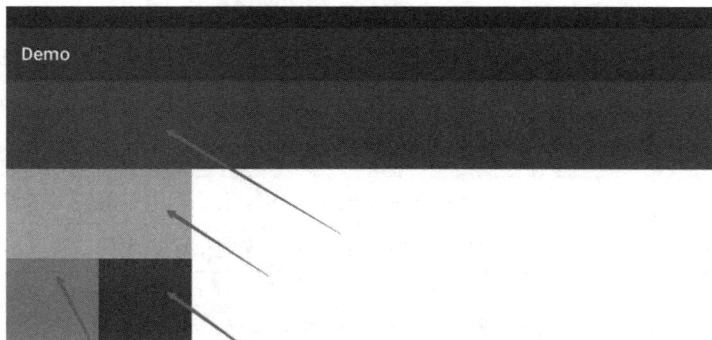

图1-52　设置相对位置，未出现重叠

```xml
<?xml version="1.0" encoding="utf-8"?>
<RelativeLayout xmlns:android="http://schemas.android.com/apk/res/android"
    android:layout_width="match_parent"
    android:layout_height="match_parent">
    <View
    android:id="@+id/view_top_1"
```

```
android:layout_width="match_parent"
android:layout_height="100dp"
android:background="@color/color_666666"/>
<View
android:id="@+id/view_top_2"
android:layout_width="200dp"
android:layout_below="@id/view_top_1"
android:layout_height="100dp"
android:background="@color/teal_200"/>
<View
android:id="@+id/view_top_3"
android:layout_width="100dp"
android:layout_below="@id/view_top_2"
android:layout_height="100dp"
android:background="@color/color_FF773D"/>
<View
android:id="@+id/view_top_4"
android:layout_width="100dp"
android:layout_below="@id/view_top_2"
android:layout_toRightOf="@id/view_top_3"
android:layout_height="100dp"
android:background="@color/purple_500"/>
</RelativeLayout>
```

(7)网格布局(GridLayout)

GridLayout 把这个容器划分成 rows×columns 个网格,每个网格可以放一个组件。除此之外,也可以设置一个组件横跨多少列、一个组件纵跨多少行(支持跨行和跨列以及每个单元格组内的任意对齐形式)。

GridLayout 提供了 setColumnCount(int)和 setRowCount(int)方法来控制该网格的列数和行数。

GridLayout 的 XML 属性和相关方法见表 1-6。

表1-6   GridLayout的XML属性和相关方法

XML属性	相关方法	说明
android:alignmentMode	setAlignmentMode(int)	当设置为 alignMargins 时,会导致在视图的外边界之间进行对齐,由其边距定义

续表

XML 属性	相关方法	说明
android:columnCount	setColumnCount(int)	自动定位子项时要创建的最大列数
android:columnOrderPreserved	setColumnOrderPreserved（boolean）	设置为 true 时,强制列边界以与列索引相同的顺序出现
android:orientation	setOrientation(int)	布局期间不使用方向属性
android:rowCount	setRowCount(int)	自动定位子项时要创建的最大行数
android:rowOrderPreserved	setRowOrderPreserved(boolean)	设置为 true 时,强制行边界以与行索引相同的顺序出现
android:useDefaultMargins	setUseDefaultMargins(boolean)	当设置为 true 时,告诉 GridLayout 在视图的布局参数中未指定任何边距时使用默认边距

为了控制 GridLayout 布局容器中各子组件的布局分布,GridLayout 提供了一个内部类:GridLayout.LayoutParams,该类提供了大量的 XML 属性来控制 GridLayout 布局容器中子组件的布局分布。

GridLayout.LayoutParams 里设的 XML 属性和相关方法见表1-7。

表1-7　GridLayout.LayoutParams里设的XML属性和相关方法

XML 属性	相关方法	说明
android:layout_column		界定此视图占用的单元格组左侧的列边界
android:layout_columnSpan		列跨度:界定此视图占用的单元格组的左右边界之间的差异
android:layout_columnWeight		在多余空间分配期间应分配给此视图的水平空间的相对比例
android:layout_gravity	setGravity(int)	重力指定组件应如何放置在其单元组中
android:layout_row		界定此视图占据的单元格组顶部的行边界
android:layout_rowSpan		行跨度:界定此视图占据的单元格组的顶部和底部边界之间的差异
android:layout_rowWeight		在多余空间分配期间应分配给此视图的垂直空间的相对比例

实现一个计算器,如图 1-53 所示。

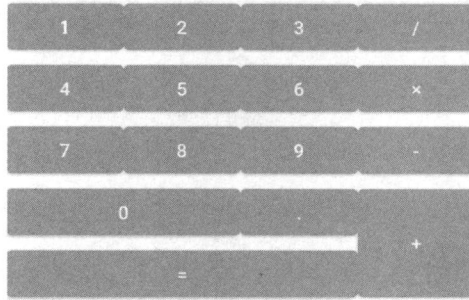

图1-53   计算器

```xml
<?xml version="1.0" encoding="utf-8"?>
<GridLayout xmlns:android="http://schemas.android.com/apk/res/android"
    android:layout_width="wrap_content"
    android:layout_height="wrap_content"
    android:columnCount="4"
    android:rowCount="5">
    <Button
    android:id="@+id/one"
    android:text="1" />
    <Button
    android:id="@+id/two"
    android:text="2" />
    <Button
    android:id="@+id/three"
    android:text="3" />
    <Button
    android:id="@+id/devide"
    android:text="/" />
    <Button
    android:id="@+id/four"
    android:text="4" />
    <Button
    android:id="@+id/five"
    android:text="5" />
    <Button
    android:id="@+id/six"
    android:text="6" />
    <Button
```

```
        android:id="@+id/multiply"
        android:text=" × " />
    <Button
        android:id="@+id/seven"
        android:text="7" />
    <Button
        android:id="@+id/eight"
        android:text="8" />
    <Button
        android:id="@+id/nine"
        android:text="9" />
    <Button
        android:id="@+id/minus"
        android:text="-" />
    <Button
        android:id="@+id/zero"
        android:layout_columnSpan="2"
        android:layout_gravity="fill"
        android:text="0" />
    <Button
        android:id="@+id/point"
        android:text="." />
    <Button
        android:id="@+id/plus"
        android:layout_rowSpan="2"
        android:layout_gravity="fill"
        android:text="+" />
    <Button
        android:id="@+id/equal"
        android:layout_columnSpan="3"
        android:layout_gravity="fill"
        android:text="=" />
</GridLayout>
```

这样的布局用 LinearLayout 也能做，但是相对麻烦一点，所以在适当的时候使用 GridLayout 就非常有必要了。子组件中并没有指定 android：layout_width 和 android：layout_height 属性。这是因为这两个属性的默认值都是 LayoutPrams.WRAP_COUNTENT，而在此，应该希望使用的就是 LayoutPrams.WRAP_COUNTENT，所以就不必指定了。GridLayout 和 LinearLayout 十分相似，所以将 LinaerLayout 替换为 GridLayout 也相当简单。

（8）表格布局（TableLayout）

TableLayout 继承了 LinerarLayout，因此它的本质依然是线性布局管理器。表格采用行、列的形式来管理 UI 组件，TableLayout 并不需要明确地声明包含多少行、多少列，而是通过 TableRow、其他组件来控制表格的行数和列数。

每次向 TableLayout 中添加 TableRow，该 TableRow 就是一个表格行，TableRow 也是容器，因此它也可以不断地添加其他组件，每添加一个子组件，该表格就增加一列。

如果直接向 TableLayout 添加组件，那么这个组件将直接占一行。

在 TableLayout 中、列的宽度由该列最宽的那个单元格决定，整个 TableLayout 的宽度取决于父容器的宽度（默认占满父容器）。

在 TableLayout 中，可以为单元格设置的 3 种行为方式如下：

①Collapsed：如果某列被设为 Collapsed，那么该列所有单元格都会被隐藏。

②Shrinkable：如果某列被设为 Shrinkable，那么该列所有单元格的宽度可以被收缩，以保证该变化能适应父容器的宽度。

③Stretchable：如果某列被设为 Stretchable，那么该列所有单元格的宽度可以被拉伸，以保证组件能完全填充满表格空余空间。

TableLayout 继承了 LinerarLayout，因此它完全可以支持 LinerarLayout 所支持的 XML 属性。除此之外还支持下面的 XML 属性。

TableLayout 的常用 XML 属性和相关方法见表1-8。

表1-8　TableLayout的常用XML属性和相关方法

XML属性	相关方法	说明
android：collapseColumns	setColumnCollapsed（int，boolean）	要折叠的列的从零开始的索引
android：shrinkColumns	setShrinkAllColumns（boolean）	要收缩的列的从零开始的索引
android：stretchColumns	setStretchAllColumns（boolean）	要拉伸的列的从零开始的索引

表格布局示例如图 1-54 所示。

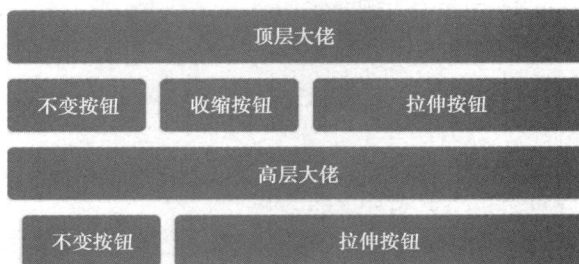

图1-54　表格布局示例

```
<?xml version="1.0" encoding="utf-8"?>
<LinearLayout xmlns:android="http://schemas.android.com/apk/res/android"
    android:layout_width="match_parent"
```

```xml
android:layout_height="match_parent"
android:layout_margin="10dp"
android:orientation="vertical">
<TableLayout
    android:layout_width="match_parent"
    android:layout_height="wrap_content"
    android:shrinkColumns="1"
    android:stretchColumns="2">
    <Button
    android:layout_width="match_parent"
    android:layout_height="wrap_content"
    android:text="顶层大佬" />
    <TableRow>
    <Button
        android:layout_width="match_parent"
        android:layout_height="wrap_content"
        android:text="不变按钮" />
    <Button
        android:layout_width="match_parent"
        android:layout_height="wrap_content"
        android:layout_marginLeft="10dp"
        android:text="收缩按钮" />
    <Button
        android:layout_width="match_parent"
        android:layout_height="wrap_content"
        android:layout_marginLeft="10dp"
        android:text="拉伸按钮" />
    </TableRow>
</TableLayout>
<TableLayout
    android:layout_width="match_parent"
    android:layout_height="wrap_content"
    android:collapseColumns="0"
    android:stretchColumns="2">
    <Button
    android:layout_width="match_parent"
    android:layout_height="wrap_content"
    android:text="高层大佬" />
    <TableRow>
```

```
        <Button
        android:layout_width="match_parent"
        android:layout_height="wrap_content"
        android:text="隐藏按钮" />
        <Button
        android:layout_width="match_parent"
        android:layout_height="wrap_content"
        android:layout_marginLeft="10dp"
        android:text="不变按钮" />
        <Button
        android:layout_width="match_parent"
        android:layout_height="wrap_content"
        android:layout_marginLeft="10dp"
        android:text="拉伸按钮" />
        </TableRow>
    </TableLayout>
</LinearLayout>
```

（9）帧布局（FrameLayout）

FrameLayout 将控件以栈的形式堆叠起来，最近添加进去的控件绘制在最顶部。FrameLayout 为每个加入其中的组件创建一个空白的区域（称为一帧），每个子组件占据一帧，这些帧都会根据 gravity 属性执行自动对齐。

FrameLayout 常用的 XML 属性和相关方法见表1-9。

表1-9 FrameLayout常用的XML属性和相关方法

XML 属性	相关方法	说明
android:foregroundGravity	setForegroundGravity(int)	定义要应用于前景可绘制对象的重力
android:measureAllChildren	setMeasureAllChildren(boolean)	确定测量时是测量所有子项还是仅测量处于可见或不可见状态的子项

FrameLayout 包含的子元素也受到 FrameLayout.LayoutParams 的控制，因此它所包含的子元素也可以指定 android:layout_gravity，如图 1-55 所示。

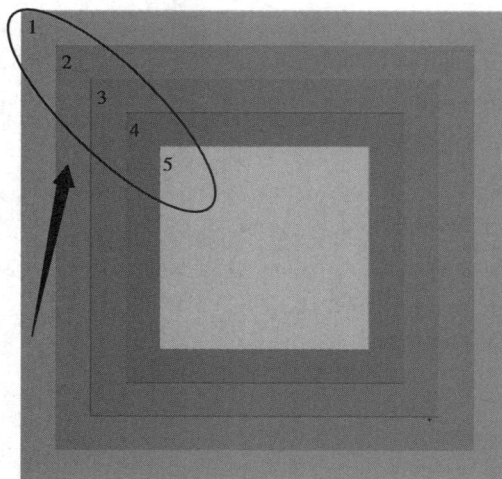

图1-55　帧布局示例

```xml
<?xml version="1.0" encoding="utf-8"?>
<FrameLayout xmlns:android="http://schemas.android.com/apk/res/android"
    android:layout_width="match_parent"
    android:layout_height="match_parent">
<!--依次定义 5 个 View,先定义的在最下面-->
    <TextView
        android:layout_width="wrap_content"
        android:layout_height="wrap_content"
        android:layout_gravity="center"
        android:width="280dp"
        android:height="280dp"
        android:text="1"
        android:background="@color/color_FF773D"/>
    <TextView
        android:layout_width="wrap_content"
        android:layout_height="wrap_content"
        android:layout_gravity="center"
        android:width="240dp"
        android:text="2"
        android:height="240dp"
        android:background="@color/color_188FFF"/>
    <TextView
        android:layout_width="wrap_content"
        android:layout_height="wrap_content"
```

```
            android:layout_gravity="center"
            android:width="200dp"
            android:text="3"
            android:height="200dp"
            android:background="@color/color_ff0000"/>
        <TextView
            android:layout_width="wrap_content"
            android:layout_height="wrap_content"
            android:layout_gravity="center"
            android:width="160dp"
            android:height="160dp"
            android:text="4"
            android:background="@color/teal_700"/>
        <TextView
            android:layout_width="wrap_content"
            android:layout_height="wrap_content"
            android:layout_gravity="center"
            android:width="120dp"
            android:height="120dp"
            android:text="5"
            android:background="@color/teal_200"/>
</FrameLayout>
```

(10)约束布局(ConstraintLayout)

将该库作为依赖项添加到app/ build.gradle 文件中。

```
dependencies {
    implementation "androidx.constraintlayout:constraintlayout:2.0.4"
    // To use constraintlayout in compose
    implementation "androidx.constraintlayout:constraintlayout-compose:1.0.0-alpha06"
}
```

ConstraintLayout 允许以灵活的方式定位和调整子组件的大小。它与 RelativeLayout 类似,所有的视图都是根据兄弟视图和父布局之间的关系来布局的,但是它比 RelativeLayout 更灵活,并且更易于在 Android Studio 的布局编辑器中使用。

ConstraintLayout 的所有功能都可以直接在布局编辑器的可视化工具中使用,因为布局 API 和布局编辑器是专门为对方构建的。所以可以使用 ConstraintLayout 完全通过拖放操作来构建布局,而不是编辑 XML。

请注意:约束中不能有循环依赖。

约束布局示例效果如图1-56所示。

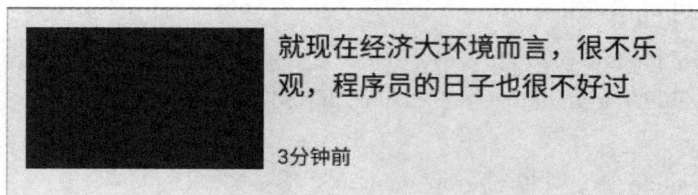

图1-56 约束布局示例

```xml
<?xml version="1.0" encoding="utf-8"?>
<androidx.constraintlayout.widget.ConstraintLayout xmlns:android="http://schemas.android.
com/apk/res/android" xmlns:app="http://schemas.android.com/apk/res-auto"
    android:id="@+id/activity_main"
    android:layout_width="match_parent"
    android:layout_height="match_parent"
    android:background="#11ff0000">
    <TextView
        android:id="@+id/tv1"
        android:layout_width="140dp"
        android:layout_height="86dp"
        android:layout_marginLeft="12dp"
        android:layout_marginTop="12dp"
        android:background="#617"
        app:layout_constraintLeft_toLeftOf="parent"
        app:layout_constraintTop_toTopOf="parent" />
    <TextView
        android:id="@+id/tv2"
        android:layout_width="0dp"
        android:layout_height="wrap_content"
        android:layout_marginLeft="8dp"
        android:layout_marginRight="12dp"
        android:text="就现在经济大环境而言,很不乐观,程序员的日子也很不好过"
        android:textColor="#000000"
        android:textSize="16dp"
        app:layout_constraintLeft_toRightOf="@id/tv1"
        app:layout_constraintRight_toRightOf="parent"
        app:layout_constraintTop_toTopOf="@id/tv1" />
    <TextView
```

```
                android:id="@+id/tv3"
                android:layout_width="wrap_content"
                android:layout_height="wrap_content"
                android:layout_marginLeft="8dp"
                android:layout_marginTop="12dp"
                android:text="3 分钟前"
                android:textColor="#333"
                android:textSize="12dp"
                app:layout_constraintBottom_toBottomOf="@id/tv1"
                app:layout_constraintLeft_toRightOf="@id/tv1" />
</androidx.constraintlayout.widget.ConstraintLayout>
```

①tv1 设置了 ://父布局的左上角。

- app:layout_constraintLeft_toLeftOf="parent"
- app:layout_constraintTop_toTopOf="parent"

②tv2 设置了:tv2在tv1的右侧,tv2的右侧和父布局对齐,tv2和tv1顶部对齐。

- app:layout_constraintLeft_toRightOf="@id/tv1",
- app:layout_constraintRight_toRightOf="parent"
- app:layout_constraintTop_toTopOf="@id/tv1"

③tv3 设置了:tv3在tv1的右侧,tv3和tv1底部对齐。

- app:layout_constraintLeft_toRightOf="@id/tv1"
- app:layout_constraintBottom_toBottomOf="@id/tv1"

相对定位是在 ConstraintLayout 中创建布局的基本构建块之一。这些约束允许相对于另一个小部件定位给定的小部件。可以在水平和垂直轴上约束小部件。

- 水平轴:左、右、起点和终点。
- 垂直轴:顶边、底边和文本基线。

一般概念是将小部件的给定一侧约束到任何其他小部件的另一侧。以下是可用约束的列表:

- layout_constraintLeft_toLeftOf
- layout_constraintLeft_toRightOf
- layout_constraintRight_toLeftOf
- layout_constraintRight_toRightOf
- layout_constraintTop_toTopOf
- layout_constraintTop_toBottomOf
- layout_constraintBottom_toTopOf
- layout_constraintBottom_toBottomOf
- layout_constraintBaseline_toBaselineOf
- layout_constraintStart_toEndOf
- layout_constraintStart_toStartOf

- layout_constraintEnd_toStartOf
- layout_constraintEnd_toEndOf

如果设置了边距,它们将应用于相应的约束(如果存在),将边距强制为目标边和源边之间的空间。通常的布局边距属性可用于此效果:

- android:layout_marginStart
- android:layout_marginEnd
- android:layout_marginLeft
- android:layout_marginTop
- android:layout_marginRight
- android:layout_marginBottom

请注意:边距只能为正数或等于零,并且需要一个 Dimension。

当位置约束目标的可见性为 View.GONE 时,还可以使用以下属性指示要使用的不同边距值:

- layout_goneMarginStart
- layout_goneMarginEnd
- layout_goneMarginLeft
- layout_goneMarginTop
- layout_goneMarginRight
- layout_goneMarginBottom

可以为 ConstraintLayout 自身定义最小和最大尺寸:

- android:minWidth 设置布局的最小宽度
- android:minHeight 设置布局的最小高度
- android:maxWidth 设置布局的最大宽度
- android:maxHeight 设置布局的最大高度

(11)绝对布局(AbsoluteLayout)

因为灵活性太差,在 API Level 3 中被废弃。在实际使用中需要为所有子组件指定 x 和 y 坐标,它的直接子类是 WebView。

1.2.3 手势

(1)手势的概念

所谓手势,其实就是指用户手指或触摸笔在触摸屏上的连续触碰行为。比如在屏幕上从左至右画出一个动作,就是手势;再比如在屏幕上画一个圆圈也是一个手势。手势这种连续的触碰会形成某个方向上的移动趋势,也会形成一个不规则的几何图形。Android 提供了两种手势行为的支持。

①Android 提供了手势检测,并为手势检测提供了相应的监听器。

②Android 允许开发者添加手势,并提供了相应的 API 识别用户手势。

（2）GestureDetector

当用户触摸屏幕的时候，会产生许多手势，例如 down、up、scroll、filing 等。View 类有个 View.OnTouchListener 内部接口，通过重写它的 onTouch(View v, MotionEvent event)方法，可以处理一些 touch 事件，但是这个方法太过简单，如果需要处理一些复杂的手势，用这个接口就会很麻烦（比如要根据用户触摸的轨迹去判断是什么手势）。

Android SDK 提供了 GestureDetector(Gesture：手势、Detector：识别)类，通过这个类可以识别很多手势，主要是通过它的 onTouchEvent(event)方法完成了不同手势的识别。

GestureDetector 这个类对外提供了 3 个接口和 1 个类。

①接口：OnGestureListener、OnDoubleTapListener 和 OnContextClickListener

②类：SimpleOnGestureListener

- 这个类其实是 3 个接口中所有函数的集成。它包含了这 2 个接口里所有必须要实现的函数，而且都已经重写，但所有方法体都是空的。
- 不同点在于：该类是 static class，程序员可以在外部继承这个类，重写里面的手势处理方法。

以下代码演示了在什么条件下触发什么手势。

```
public class MainActivity extends Activity implements GestureDetector.OnGestureListener{
    private static final String TAG="TAG";
    private GestureDetector detector;
    @Override
    protected void onCreate(Bundle savedInstanceState) {
        super.onCreate(savedInstanceState);
        setContentView(R.layout.activity_main);
        detector = new GestureDetector(this,this);
    }
    /**
     * 添加手势
     * @param event
     * @return
     */
    @Override
    public boolean onTouchEvent(MotionEvent event) {
        return detector.onTouchEvent(event);
    }
    /**
     * 按下时
     * @param e
     * @return
```

```java
    */
    @Override
    public boolean onDown(MotionEvent e) {
        Log.i(TAG,"detector onDown");
        return false;
    }
    /**
     * 按下未移动时
     * @param e
     */
    @Override
    public void onShowPress(MotionEvent e) {
        Log.i(TAG,"detector onShowPress");
    }
    /**
     * 轻击事件
     * @param e
     * @return
     */
    @Override
    public boolean onSingleTapUp(MotionEvent e) {
        Log.i(TAG,"detector onSingleTapUp");
        return false;
    }
    /**
     * 滚动时
     * @param e1
     * @param e2
     * @param distanceX
     * @param distanceY
     * @return
     */
    @Override
    public boolean onScroll(MotionEvent e1, MotionEvent e2, float distanceX, float distanceY) {
        Log.i(TAG,"detector onScroll");
        return false;
    }
    /**
```

```
    * 长按时
    * @param e
    */
    @Override
    public void onLongPress(MotionEvent e) {
        Log.i(TAG,"detector onLongPress");
    }
    /**
    * 快速滑动时
    * @param e1
    * @param e2
    * @param velocityX
    * @param velocityY
    * @return
    */
    @Override
    public boolean onFling(MotionEvent e1, MotionEvent e2, float velocityX, float
velocityY) {
        Log.i(TAG,"detector onFling");
        return false;
    }
}
```

通过 Fling 方法进行的一个滑动监听仿的类似 ViewPager。

```
public class MainActivity3 extends Activity implements GestureDetector.OnGestureListener{
    private static final String TAG="TAG";
    private GestureDetector detector;
    private ViewFlipper mFlipper;
    private Animation[] animations = new Animation[4];
    @Override
    protected void onCreate(Bundle savedInstanceState) {
        super.onCreate(savedInstanceState);
        setContentView(R.layout.activity_gesture);
        detector = new GestureDetector(this,this);
        mFlipper = (ViewFlipper) findViewById(R.id.flipper);
        mFlipper.addView(addImageView(R.mipmap.image));
        mFlipper.addView(addImageView(R.mipmap.image2));
        mFlipper.addView(addImageView(R.mipmap.image3));
```

```java
        mFlipper.addView(addImageView(R.mipmap.image4));
        animations[0] = AnimationUtils.loadAnimation(this,R.anim.left_in);
        animations[1] = AnimationUtils.loadAnimation(this,R.anim.left_out);
        animations[2] = AnimationUtils.loadAnimation(this,R.anim.right_in);
        animations[3] = AnimationUtils.loadAnimation(this,R.anim.right_out);
}
private ImageView addImageView(int resId){
        ImageView imageView = new ImageView(this);
        imageView.setImageResource(resId);
        imageView.setScaleType(ImageView.ScaleType.CENTER);
        return imageView;
}
/**
 * 添加手势
 * @param event
 * @return
 */
@Override
        public boolean onTouchEvent(MotionEvent event) {
        return detector.onTouchEvent(event);
}
/**
 * 按下时
 * @param e
 * @return
 */
@Override
public boolean onDown(MotionEvent e) {
        Log.i(TAG,"detector onDown");
        return false;
}
/**
 * 按下未移动时
 * @param e
 */
@Override
public void onShowPress(MotionEvent e) {
        Log.i(TAG,"detector onShowPress");
}
```

```java
/**
 * 轻击事件
 * @param e
 * @return
 */
@Override
public boolean onSingleTapUp(MotionEvent e) {
    Log.i(TAG,"detector onSingleTapUp");
    return false;
}
/**
 * 滚动时
 * @param e1
 * @param e2
 * @param distanceX
 * @param distanceY
 * @return
 */
@Override
public boolean onScroll(MotionEvent e1, MotionEvent e2, float distanceX, float
distanceY) {
    Log.i(TAG,"detector onScroll");
    return false;
}
/**
 * 长按时
 * @param e
 */
@Override
public void onLongPress(MotionEvent e) {
    Log.i(TAG,"detector onLongPress");
}
private final int FLIP_DISTANCE = 50;
/**
 * 快速滑动时
 * @param e1
 * @param e2
 * @param velocityX
 * @param velocityY
```

```
        * @return
        */
        @Override
        public boolean onFling(MotionEvent e1, MotionEvent e2, float velocityX, float
velocityY) {
                Log.i(TAG, "detector onFling");
                if(e1.getX()−e2.getX()>FLIP_DISTANCE){
                        mFlipper.setInAnimation(animations[2]);
                        mFlipper.setOutAnimation(animations[1]);
                        mFlipper.showNext();
                        return true;
                }else if(e2.getX()−e1.getX()>FLIP_DISTANCE){
                        mFlipper.setInAnimation(animations[0]);
                        mFlipper.setOutAnimation(animations[3]);
                        mFlipper.showPrevious();
                        return true;
                }
                return false;
        }
```

（3）onGestureListener接口中的方法

①onDown：用户手指轻触触摸屏时触发；

②onFling：用户手指按下触摸屏、快速移动后松开时触发；

③onLongPress：用户手指在触摸屏上长按时触发；

④onScroll：用户手指按下触摸屏，并滑动时触发；

⑤onShowPress：用户手指轻触触摸屏，尚未松开或尚未拖动时触发（与onDown（）的区别在于：强调的是没有松开或者未拖动的状态）；

⑥onSingleTagUp：用户（轻触触摸屏后）松开时触发。

1.2.4　动画资源文件的制作及使用

（1）Animations介绍

Animations是一个实现Android UI界面动画效果的API，Animations提供了一系列的动画效果，可以进行旋转、缩放、淡入淡出等，这些效果可以应用在绝大多数的控件中。

（2）Animations的分类

Android 3.0版本以前，Android支持两种动画模式，Tween Animation和Frame Animation，在Android 3.0中又引入了一个新的动画系统：Property Animation，这3种动画模

式在 SDK 中被称为 Property Animation、View Animation、Drawable Animation。可通过 NineOldAndroids 项目在3.0之前的系统中使用 Property Animation。

①Tweened Animations：该类 Animations 提供了旋转、移动、伸展和淡出等效果。

• Alpha：淡入淡出效果；

• Scale：缩放效果；

• Rotate：旋转效果；

• Translate：移动效果。

②Frame-by-frame Animations：这一类 Animations 可以创建一个 Drawable 序列，这些 Drawable 可以按照指定的时间间歇一个一个地显示。

③Property Animation：相对于 View Animation，功能更加强大，而且是真正的视图移动，点击移动后的视图会有点击效果。属性动画有两个类：ValueAnimator 和 ObjectAnimator。

• ValueAnimator：可以设置开始值和结束值来动态改变 View 的移动位置。

• ObjectAnimator：功能更加强大，可以控制位移、透明度、旋转、缩放。

(3)补间动画(Tween Animation)

Tween 动画，也叫 View Animation，只能被用来设置 View 的动画，动画效果包含4个子类：位置(TranslateAnimation)、大小(ScaleAnimation)、旋转(RotateAnimation)、透明度(AlphaAnimation)。

实现 View 动画的方式有两种，一种是在 XML 中直接写动画效果，另一种是在 Activity 代码中写。

1)XML 编辑动画的方式

首先在 res\anim 文件夹下创建 xml，语法如下。

```xml
<?xml version="1.0" encoding="utf-8"?>
<set xmlns:android="http://schemas.android.com/apk/res/android"
    android:interpolator="@[package:]anim/interpolator_resource"
    android:shareInterpolator=["true" | "false"] >
    <alpha
        android:fromAlpha="float"
        android:toAlpha="float" />
    <scale
        android:fromXScale="float"
        android:toXScale="float"
        android:fromYScale="float"
        android:toYScale="float"
        android:pivotX="float"
        android:pivotY="float" />
    <translate
```

```
            android:fromXDelta="float"
            android:toXDelta="float"
            android:fromYDelta="float"
            android:toYDelta="float" />
    <rotate
            android:fromDegrees="float"
            android:toDegrees="float"
            android:pivotX="float"
            android:pivotY="float" />
    <set>
            ...
    </set>
</set>
```

示例代码：

```
<?xml version="1.0" encoding="utf-8"?>
<!--interpolator:差值器,表示动画运行时的时间正常方式,fillAfter:表示动画停留在最
后运动的结果-->
    <set xmlns:android="http://schemas.android.com/apk/res/android"
    android:fillAfter="true"
    android:interpolator="@android:anim/decelerate_interpolator">
    <!--透明度标签:表示透明 0 到不透明 1 之间的变换-->
    <alpha
            android:fromAlpha="0.0"
            android:toAlpha="1.0" >
    </alpha>
    <!--旋转标签:fromDegrees:表示旋转角度的起始角度,toDegrees:结束角度。
pivotX:表示旋转的 X 轴坐标;pivotY:表示旋转的 Y 轴坐标-->
    <rotate
            android:fromDegrees="0.0"
            android:toDegrees="720"
            android:pivotX="50%"
            android:pivotY="50%"/>
    <!-- 缩 放 标 签 : fromXScale, toXScale 表示水平缩放的起始值和结束值;
fromYScale,toYScale 竖直方向的缩放起始值和结束值。
pivotX,pivotY,表示缩放动画效果的基准点 X,Y 轴
-->
    <scale
```

```
                android:fromXScale="0.4"
                android:fromYScale="0.4"
                android:toXScale="1.2"
                android:toYScale="1.2"
                android:pivotX="50%"
                android:pivotY="50%">
        </scale>
        <!--移动标签:fromXDelta,toXDelta 表示 X 轴移动的像素点;fromYDelta,toYDelta
        表示 Y 轴移动的像素点-->
        <translate
                android:fromXDelta="0"
                android:toXDelta="300"
                android:fromYDelta="0"
                android:toYDelta="300"
                >
        </translate>
</set>
```

在 Activity 代码中调用 animation,实现动画效果。

```
/*xml 自定义动画功能*/
fun setXmlAnimation(){
        //加载 xml 动画
        var xmlAnimation=AnimationUtils.loadAnimation(this,R.anim.animation_all)
        //设置动画播放时长
        xmlAnimation.duration=2000
        photo_id.startAnimation(xmlAnimation)
}
```

2)通过代码实现动画效果

代码实现动画效果的属性其实和在 XML 中写差不多,但是在代码中写会更加灵活,可以更好地设置重复次数,可以根据加载 View 的长宽来动态加载移动的位置。

```
/*代码实现动画的四个功能*/
fun blendAnimation(){
/*
* 创建一个 AnimationSet,它能够同时执行多个动画效果
* 构造方法的入参如果是"true",则代表使用默认的 interpolator,如果是"false",则代表
   使用自定义 interpolator
```

```
*/
        val mAnimationSet = AnimationSet(true)
        //透明度动画,从完全透明到不透明,动画都是 float 型的,所以,在写数字的时候,要加 f
        val alphAnima = AlphaAnimation(0.0f, 1.0f)
/*
* 创建一个旋转动画对象
* 入参列表含义如下:
* 1.fromDegrees:从哪个角度开始旋转
* 2.toDegrees:旋转到哪个角度结束
* 3.pivotXType:旋转所围绕的圆心的 X 轴坐标的类型,有 ABSOLUT 绝对坐标、
    RELATIVE_TO_SELF 相对于自身坐标、RELATIVE_TO_PARENT 相对于父控件的
    坐标
* 4.pivotXValue:旋转所围绕的圆心的 X 轴坐标,0.5f 表明是以自身这个控件的一半长
    度为 X 轴
* 5.pivotYType:Y 轴坐标的类型
* 6.pivotYValue:Y 轴坐标
*/
        val rotateAnim = RotateAnimation(0f, 720f, Animation.RELATIVE_TO_SELF, 0.5f,
        Animation.RELATIVE_TO_SELF, 0.5f)
/*
* 创建一个缩放效果的动画
* 入参列表含义如下:
* fromX:X 轴的初始值
* toX:X 轴缩放后的值
* fromY:Y 轴的初始值
* toY:Y 轴缩放后的值
* pivotXType:X 轴坐标的类型,有 ABSOLUT 绝对坐标、RELATIVE_TO_SELF 相对于
    自身坐标、RELATIVE_TO_PARENT 相对于父控件的坐标
* pivotXValue:X 轴的值,0.5f 表明是以自身这个控件的一半长度为 X 轴
* pivotYType:Y 轴坐标的类型
* pivotYValue:轴的值,0.5f 表明是以自身这个控件的一半长度为 Y 轴
*/
        var scaleAnimation = ScaleAnimation(0f, 1f, 0f, 1f, Animation.RELATIVE_TO_SELF,
        0.5f,Animation.RELATIVE_TO_SELF,0.5f);
/*
* 创建一个移动动画效果
* 入参的含义如下:
* fromXType:移动前的 X 轴坐标的类型
* fromXValue:移动前的 X 轴的坐标
* toXType:移动后的 X 轴的坐标的类型
```

```
* toXValue:移动后的 X 轴的坐标
* fromYType:移动前的 Y 轴的坐标的类型
* fromYValue:移动前的 Y 轴的坐标
* toYType:移动后的 Y 轴的坐标的类型
* toYValue:移动后的 Y 轴的坐标
*/
        var translateAnimation = TranslateAnimation(Animation. RELATIVE_TO_SELF, 0f,
        Animation.ABSOLUTE,360f,
        Animation.RELATIVE_TO_SELF,0f,Animation.ABSOLUTE,360f)
        mAnimationSet.addAnimation(alphAnima)
        mAnimationSet.addAnimation(rotateAnim)
        mAnimationSet.addAnimation(scaleAnimation)
        mAnimationSet.addAnimation(translateAnimation)
        mAnimationSet.setDuration(2000)//动画持续时间时间
        mAnimationSet.setInterpolator(DecelerateInterpolator()) //添加插值器,下面会有说明
        mAnimationSet.setFillAfter(true)
        photo_id.startAnimation(mAnimationSet)
}
```

Animation类的方法见表1-10。

表1-10　Animation类的方法

方法	说明
reset( )	重置 Animation 的初始化
cancel( )	取消 Animation 动画
start( )	开始 Animation 动画
setAnimationListener(AnimationListener listener)	给当前 Animation 设置动画监听
hasStarted( )	判断当前 Animation 是否开始
hasEnded( )	判断当前 Animation 是否结束

　　既然补间动画只能给View使用,那么View中和动画相关的两个常用方法见表1-11。

表1-11　View类的常用动画操作

View类的常用动画操作方法	解释
startAnimation(Animation animation)	对当前 View 开始设置的 Animation 动画
clearAnimation( )	取消当 View 在执行的 Animation 动画

　　android:interpolator 分类器,主要控制动画播放的类型。各种插值器都是实现了Interpolator接口而已,具体情况见表1-12。

表1-12　插值器

Java类	xml id值	描述
AccelerateDecelerateInterpolator	@android:anim/accelerate_decelerate_interpolator	动画始末速率较慢,中间加速
AccelerateInterpolator	@android:anim/accelerate_interpolator	动画开始速率较慢,之后慢慢加速
AnticipateInterpolator	@android:anim/anticipate_interpolator	开始的时候从后向前甩
AnticipateOvershootInterpolator	@android:anim/anticipate_overshoot_interpolator	类似上面的 AnticipateInter-polator
BounceInterpolator	@android:anim/bounce_interpolator	动画结束时弹起
CycleInterpolator	@android:anim/cycle_interpolator	循环播放速率改变为正弦曲线
DecelerateInterpolator	@android:anim/decelerate_interpolator	动画开始快,然后慢
LinearInterpolator	@android:anim/linear_interpolator	动画匀速改变
OvershootInterpolator	@android:anim/overshoot_interpolator	向前弹出一定值之后回到原来位置
PathInterpolator		新增,定义路径坐标后按照路径坐标来跑

(4)帧动画(Drawable Animation)

Drawable 动画其实就是Frame动画(帧动画),它允许实现像播放幻灯片一样的效果,这种动画的实质其实是 Drawable,所以这种动画的 XML 定义方式文件一般放在 res/drawable/目录下,但是容易引起内存溢出,只适合小型图片的播放功能。

帧动画的使用很简单,总共就两个步骤:

①在 res/drawable 目录下定义一个XML文件,根节点为系统提供的 animation-list,然后放入定义好的图片。

②使用 AnimationDrawable 类播放第一步定义好的 Drawable 中的图片,形成动画效果。

创建 Drawable 文件。

```
<?xml version="1.0" encoding="utf-8"?>
<!--
    根标签为 animation-list,其中 oneshot 代表着是否只展示一遍,设置为 false 会不
    停地循环播放动画
    根标签下,通过 item 标签对动画中的每一个图片进行声明
    android:duration 表示展示所用的图片的时间长度
```

```
-->
<animation-list xmlns:android="http://schemas.android.com/apk/res/android"
    android:oneshot="false" >
    <item android:drawable="@drawable/wifi1" android:duration="500"/>
    <item android:drawable="@drawable/wifi2" android:duration="500"/>
    <item android:drawable="@drawable/wifi3" android:duration="500"/>
    <item android:drawable="@drawable/wifi4" android:duration="500"/>
    <item android:drawable="@drawable/wifi5" android:duration="500"/>
</animation-list>
```

上述 xml 中：

• android：oneshot="false"：表示是否重复播放动画,还是只播放一次。

• 每个 item 都有 Drawable 和 duration 属性,Drawable 表示要播放的图片;duration 表示这张图播放的时间。

用 AnimationDrawable 播放动画。

```
protected void onCreate(Bundle savedInstanceState) {
        // TODO Auto-generated method stub
        super.onCreate(savedInstanceState);
        setContentView(R.layout.main);
        imageView = (ImageView) findViewById(R.id.imageView1);
        imageView.setBackgroundResource(R.drawable.drawable_anim);
        anim = (AnimationDrawable) imageView.getBackground();
    }
    public boolean onTouchEvent(MotionEvent event) {
        if (event.getAction() == MotionEvent.ACTION_DOWN) {
            anim.stop();
            anim.start();
            return true;
        }
        return super.onTouchEvent(event);
    }
}
```

（5）属性动画（Property Animation）

属性动画可以看作是增强版的补间动画,与补间动画的不同之处体现在：

• 补间动画只能定义两个关键帧在透明、旋转、位移和倾斜这4个属性的变换,但是属性动画可以定义任何属性的变化。

- 补间动画只能对 UI 组件执行动画，但属性动画可以对任何对象执行动画。

与补间动画类似的是，属性动画也需要定义几个方面的属性：

- 动画持续时间：默认为 300 ms，可以通过 android:duration 属性指定。
- 动画插值方式：通过 android:interploator 指定。
- 动画重复次数：通过 android:repeatCount 指定。
- 重复行为：通过 android:repeatMode 指定。
- 动画集：在属性资源文件中通过 <set …/> 来组合。
- 帧刷新率：指定多长时间播放一帧。默认为 10 ms。

属性动画 API

- Animator：提供创建属性动画的基类，基本不会直接使用这个类。
- ValueAnimator：属性动画用到的主要的时间引擎，负责计算各个帧的属性值，基本上其他属性动画都会直接或间接继承它。
- ObjectAnimator：ValueAnimator 的子类，对指定对象的属性执行动画。
- AnimatorSet：Animator 的子类，用于组合多个 Animator。

除了这些 API，属性动画还提供了一个 Evaluator，用来控制属性动画如何计算属性值。

- IntEvaluator：计算 int 类型属性值的计算器。
- FloatEvaluator：用于计算 float 类型属性值的计算器。
- ArgbEvaluator：用于计算用十六进制形式表示的颜色值的计算器。
- TypeEvaluator：可以自定义计算器。

使用 ValueAnimator 创建动画的步骤：

- 调用 ValueAnimator 的 ofInt（）、ofFloat（）或者 ofObject（）静态方法创建 ValueAnimator 实例。
- 调用 ValueAnimator 的 setXxx（）等方法设置持续时间、插值方式、重复次数等。
- 调用 ValueAnimator 的 start（）方法启动动画。
- 为 ValueAnimator 注册 AnimatorUpdateListener 监听器，在该监听器中可以监听 ValueAnimator 计算出来的值改变，并将这些值应用到指定对象上。

定义属性动画和补间动画等类似，有两种方式。

①使用 ValueAnimator 或者 ObjectAnimator 的静态工厂方法创建动画。

②使用资源文件来定义动画。

属性动画的使用：

- 创建 ValueAnimator 或 ObjectAnimator 对象，即可以从 XML 资源文件加载该动画，也可以直接调用 ValueAnimator 或者 ObjectAnimator 的静态工厂方法创建动画。
- 根据需要为 Animator 对象设置属性。
- 如果需要监听 Animator 的动画开始事件、动画结束事件、动画重复事件、动画值改变事件，并根据事件提供响应处理代码，需要为 Animator 对象设置监听器。

- 如果有多个动画需要同时播放,需要使用AnimatorSet组合这些动画。
- 调用Animator对象的start启动动画。

属性动画的相关类的用途见表1-13。

表1-13　属性动画相关类

类名	用途
ValueAnimator	属性动画主要的计时器,也计算动画后的属性的值,动画的执行类
ObjectAnimator	ValueAnimator的一个子类,允许设置一个目标对象和对象的属性进行动画,动画的执行类
AnimatorSet	提供组织动画的结构,使它们能相关联运行,用于控制一组动画的执行
AnimatorInflater	用户加载属性动画的XML文件
Evaluators	属性动画计算器,告诉了属性动画系统如何计算给出属性的值
Interpolators	动画插入器,定义动画的变化率

- ValueAnimator:移动的时候使用,使用起来较简单。
- ObjectAnimator:可实现平移、旋转、透明度、颜色、背景色等。

示例代码:

```
// ValueAnimator 采用<animator> 标签
<animator xmlns:android="http://schemas.android.com/apk/res/android"
    android:valueFrom="0"   // 初始值
    android:valueTo="100" // 结束值
    android:valueType="intType" // 变化值类型 :floatType & intType
    android:duration="3000" // 动画持续时间(ms),必须设置,动画才有效果
    android:startOffset ="1000" // 动画延迟开始时间(ms)
    // 动画播放完后,视图是否会停留在动画开始的状态,默认为 true
    android:fillBefore = "true"
    // 动画播放完后,视图是否会停留在动画结束的状态,优先于 fillBefore 值,默认
    为 false
    android:fillAfter = "false"
    // 是否应用 fillBefore 值,对 fillAfter 值无影响,默认为 true
    android:fillEnabled= "true"
    // 选择重复播放动画模式,restart 代表正序重放,reverse 代表倒序回放,默认为
    restart
    android:repeatMode="restart"
    // 重放次数(所以动画的播放次数=重放次数+1),为 infinite 时无限重复
```

```
            android:repeatCount = "0"
```

// 插值器，即影响动画的播放速度。

```
            android:interpolator = @[package:]anim/interpolator_resource
/>
//在 Java 代码中启动动画
private void startAnim() {
        ObjectAnimator animator0 = ObjectAnimator.ofFloat(
                mImageViews.get(0), // 这里传入的是一个任意对象，此处是 imageview 对象
                "alpha",
                1F,
                0.5F);
        ObjectAnimator animator1 = ObjectAnimator.ofFloat(
              · mImageViews.get(1),
                "translationY",
                200F);
        ObjectAnimator animator2 = ObjectAnimator.ofFloat(
                mImageViews.get(2),
                "translationX",
                200F);
        ObjectAnimator animator3 = ObjectAnimator.ofFloat(
                mImageViews.get(3),
                "translationY",
                −200F);
        ObjectAnimator animator4 = ObjectAnimator.ofFloat(
                mImageViews.get(4),
                "translationX",
                −200F);
        AnimatorSet set = new AnimatorSet();
        set.setDuration(500);
        set.setInterpolator(new BounceInterpolator());
        set.playTogether(
                animator0,
                animator1,
                animator2,
                animator3,
                animator4);
```

```
    set.start();
    mFlag = false;
}
```

1.2.5　ViewFlipper组件的使用方法

（1）ViewFlipper概述

ViewFlipper是Android自带的一个多页面管理控件，它是一个切换控件，一般用于图片的切换，且可以自动播放。和ViewPager不同，ViewFlipper是一层层的，而ViewPager是一页页的。很多时候ViewFlipper和ViewPager一样，用来实现进入应用后的引导页，或者用于图片轮播。

（2）常用的属性和方法

1）常用属性

- android：inAnimation　　//设置View或ImageView进入屏幕时使用的动画。
- android：outAnimation　//设置View或ImageView退出屏幕时使用的动画。
- android：flipInterval　//设置View或ImageView之间切换的时间间隔。

2）常用方法

- setInAnimation：设置View或ImageView进入屏幕时使用的动画。
- setOutAnimation：设置View或ImageView退出屏幕时使用的动画。
- showNext：调用该方法来显示ViewFlipper里的下一个View或ImageView。
- showPrevious：调用该方法来显示ViewFlipper的上一个View或ImageView。
- setFilpInterval：设置View或ImageView之间切换的时间间隔。
- startFlipping：使用上面设置的时间间隔来开始切换所有的View或ImageView，切换会循环进行。
- stopFlipping：停止View或ImageView切换。

（3）ViewFlipper在xml布局中的方法

- android：autoStart　　//设置自动加载下一个View。
- android：flipInterval　//设置View之间切换的时间间隔。
- android：inAnimation　　//设置切换View的进入动画。
- android：outAnimation　//设置切换View的退出动画。

（4）静态导入

①编写viewpfilper.xml布局文件。

```xml
<?xml version="1.0" encoding="utf-8"?>
<LinearLayout
    xmlns:android="http://schemas.android.com/apk/res/android"
    android:layout_width="match_parent"
    android:layout_height="match_parent">
    <ViewFlipper
        android:id="@+id/flipper"
        android:layout_width="match_parent"
        android:layout_height="match_parent"
        android:flipInterval="2000">
        <ImageView
            android:layout_width="fill_parent"
            android:layout_height="fill_parent"
            android:scaleType="centerCrop"
            android:src="@drawable/tx1"/>
        <ImageView
            android:layout_width="fill_parent"
            android:layout_height="fill_parent"
            android:scaleType="centerCrop"
            android:src="@drawable/tx2"/>
        <ImageView
            android:layout_width="fill_parent"
            android:layout_height="fill_parent"
            android:scaleType="centerCrop"
            android:src="@drawable/tx3"/>
        <ImageView
            android:layout_width="fill_parent"
            android:layout_height="fill_parent"
            android:scaleType="centerCrop"
            android:src="@drawable/tx4"/>
    </ViewFlipper>
</LinearLayout>
```

②编写 ViewFliper 活动代码。

```java
public class ViewpFilper extends AppCompatActivity {
    private ViewFlipper mFilper;
    @Override
```

```
    protected void onCreate(@Nullable Bundle savedInstanceState) {
        super.onCreate(savedInstanceState);
        setContentView(R.layout.viewpfilper);
        mFilper=findViewById(R.id.flipper);
        mFilper.startFlipping();
    }
}
```

在 res 目录下新建一个 anim 文件夹，再新建 right_in.xml、right_out.xml 存放动画，如图 1-57 所示。

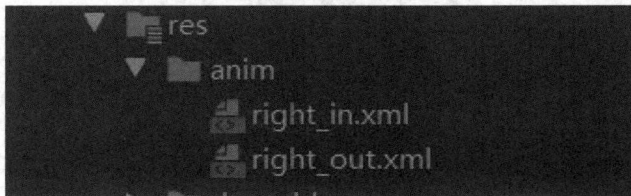

图1-57　新建 right_in.xml、right_out.xml

right_in.xml：

```xml
<?xml version="1.0" encoding="utf-8"?>
<set xmlns:android="http://schemas.android.com/apk/res/android">
    <translate
        android:duration="1500"
        android:fromXDelta="100%p"
        android:toXDelta="0" />
</set>
```

right_out.xml：

```xml
<?xml version="1.0" encoding="utf-8"?>
<set xmlns:android="http://schemas.android.com/apk/res/android">
    <translate
        android:duration="1500"
        android:fromXDelta="0"
        android:toXDelta="-100%p" />
</set>
```

最后在 viewpfilper.xml 布局文件中引用，如图 1-58 所示。

```
<LinearLayout
    xmlns:android="http://schemas.android.com/apk/res/android"
    android:layout_width="match_parent"
    android:layout_height="match_parent">

<ViewFlipper
    android:id="@+id/flipper"
    android:layout_width="match_parent"
    android:layout_height="match_parent"
    android:flipInterval="1500"
    android:inAnimation="@anim/right_in"
    android:outAnimation="@anim/right_out">
    <ImageView
        android:layout_width="fill_parent"
        android:layout_height="fill_parent"
        android:scaleType="centerCrop"
        android:src="@drawable/tx1"/>
    <ImageView
        android:layout_width="fill_parent"
        android:layout_height="fill_parent"
        android:scaleType="centerCrop"
        android:src="@drawable/tx2"/>
    <ImageView
        android:layout_width="fill_parent"
        android:layout_height="fill_parent"
        android:scaleType="centerCrop"
        android:src="@drawable/tx3"/>
    <ImageView
        android:layout_width="fill_parent"
```

图1-58　viewpfilper.xml

(5)动态导入(支持手势滑动)

可以通过对手势的监听自由滑动(也可以自己滑动)。这里是在上一个代码的基础上进行修改。

在 anim 文件下再添加 left_in.xml、left_out.xml,如图 1-59 所示,让左右的滑动更加流畅。

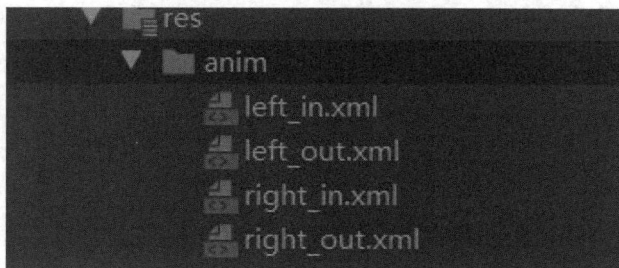

图1-59　添加left_in.xml、left_out.xml

left_in.xml：

```xml
<?xml version="1.0" encoding="utf-8"?>
<set xmlns:android="http://schemas.android.com/apk/res/android">
    <translate
        android:duration="500"
        android:fromXDelta="-100%p"
        android:toXDelta="0" />
</set>
```

left_out.xml：

```xml
<?xml version="1.0" encoding="utf-8"?>
<set xmlns:android="http://schemas.android.com/apk/res/android">
    <translate
        android:duration="500"
        android:fromXDelta="0"
        android:toXDelta="100%p" />
</set>
```

GestureDetector手势检测器，监听手势动作。

- 重写onTouchEvent触发MyGestureListener里的方法。
- 布局文件没有变化。
- 编写ViewFliper Activity的Java代码。

```java
public class ViewpFilper extends AppCompatActivity {
    private ViewFlipper mFilper;
    private GestureDetector mDetector;//手势探测器
    private MyGestureListener mMyGestureListener;
    @Override
    protected void onCreate(@Nullable Bundle savedInstanceState) {
        super.onCreate(savedInstanceState);
        setContentView(R.layout.viewpfilper);
        mFilper=findViewById(R.id.flipper);
        //实例化 SimpleOnGestureListener 与 GestureDetector 对象
        mMyGestureListener=new MyGestureListener();
```

```
        mDetector=new GestureDetector(this,mMyGestureListener);
        mFilper.startFlipping();
    }

    @Override
    public boolean onTouchEvent(MotionEvent event) {
        return mDetector.onTouchEvent(event);
    }
    private class MyGestureListener extends GestureDetector.SimpleOnGestureListener{
        private final static int MIN_MOVE = 200;   //最小距离
        //OnFling 中根据 X 轴方向移动的距离和速度来判断当前用户是向左滑还
        是向右滑,
        // 从而利用 showPrevious()或者 showNext()来显示上一张或者下一张图片
        @Override
        public boolean onFling(MotionEvent e1, MotionEvent e2, float velocityX, float
        velocityY) {
            if(e1.getX() − e2.getX() > MIN_MOVE){
                mFilper.setInAnimation(getApplicationContext(),R.anim.right_in);
                mFilper.setOutAnimation(getApplicationContext(), R.anim.right_out);
                mFilper.showNext();
            }else if(e2.getX() − e1.getX() > MIN_MOVE){
                mFilper.setInAnimation(getApplicationContext(),R.anim.left_in);
                mFilper.setOutAnimation(getApplicationContext(), R.anim.left_out);
                mFilper.showPrevious();
            }
            return true;
        }
    }
}
```

任务实施

步骤 1：新建应用

创建 Module，如图 1-60 所示。

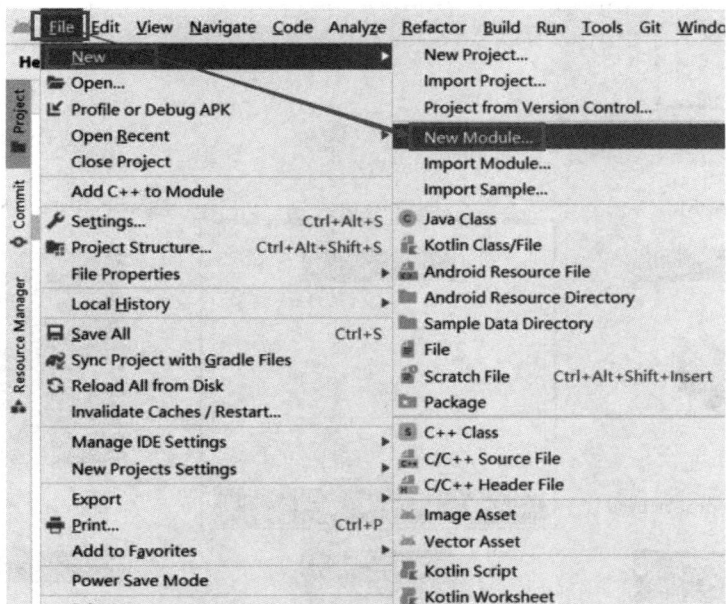

图1-60　创建Module

在 Create New Module 的界面中，选择"Application/Library name"输入"Gestrue"，如图 1-61所示。

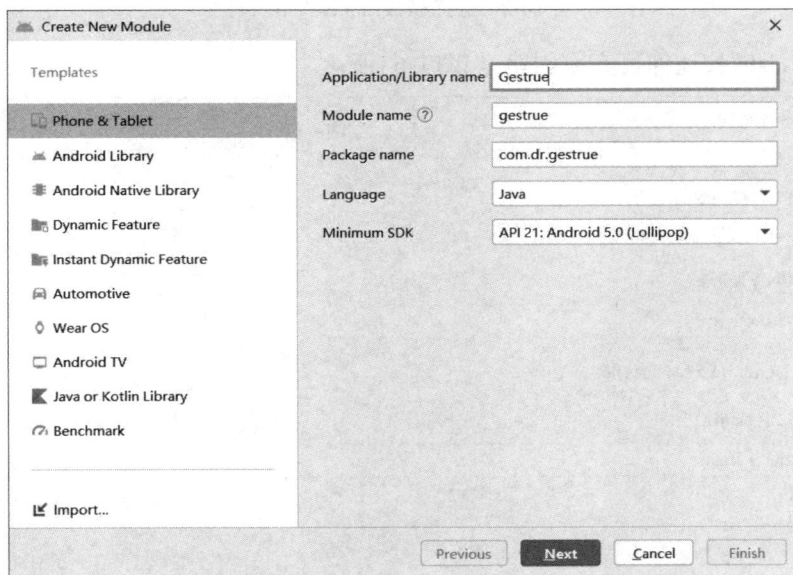

图1-61　Application/Library name输入"Gestrue"

选择模板"Empty Activity"，如图 1-62所示。

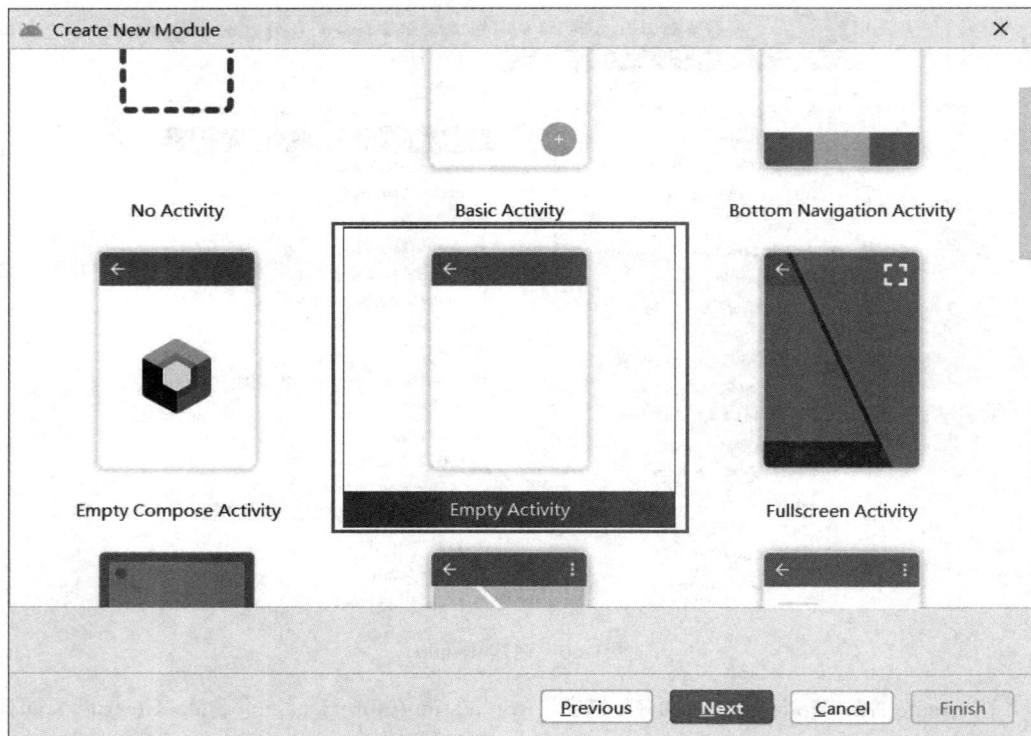

图1-62　选择模板Empty Activity

单击"Finish"按钮即可完成创建，如图1-63所示。

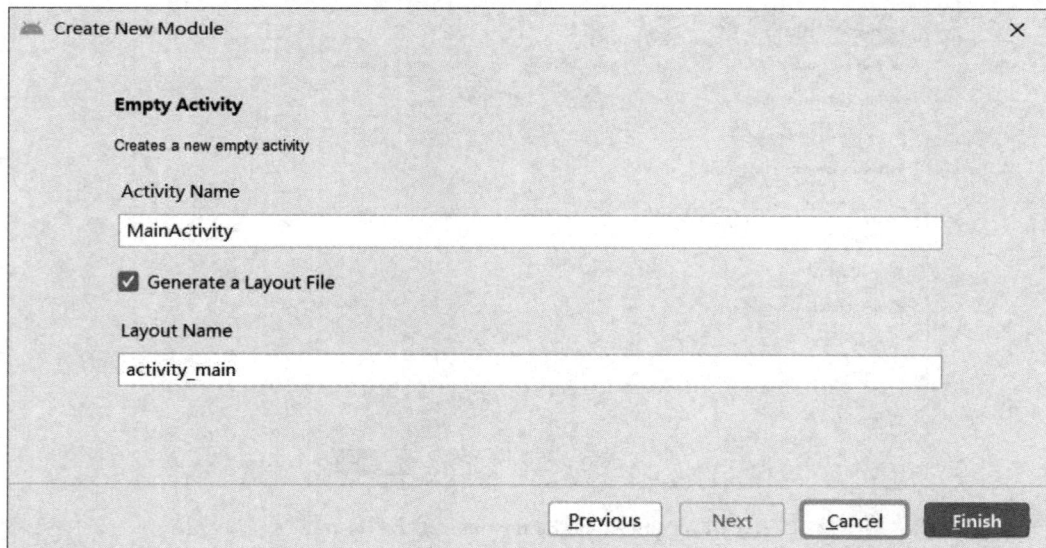

图1-63　创建Module

步骤2：修改activity_main.xml布局文件

编写activity_main.xml布局文件，在布局文件中定义相对布局管理器。并在相对布局管理器中添加ViewFlipper组件。

```xml
<?xml version="1.0" encoding="utf-8"?>
<android. widget. RelativeLayout  xmlns：android= "http://schemas. android. com/apk/res/android"
    xmlns：app="http://schemas.android.com/apk/res-auto"
    xmlns：tools="http://schemas.android.com/tools"
    android：layout_width="match_parent"
    android：layout_height="match_parent"
    tools：context=".MainActivity">
    <ViewFlipper
        android：id="@+id/flipper"
        android：layout_width="match_parent"
        android：layout_height="match_parent"/>
</android.widget.RelativeLayout>
```

步骤3：创建动画资源文件及导入图片文件

从左侧进入的动画文件：slide_in_left.xml；
从右侧进入的动画文件：slide_in_right.xml；
从左侧离开的动画文件：slide_out_left.xml；
从右侧离开的动画文件：slide_out_right.xml；
以上4个文件，创建空文件即可，如图1-64所示。

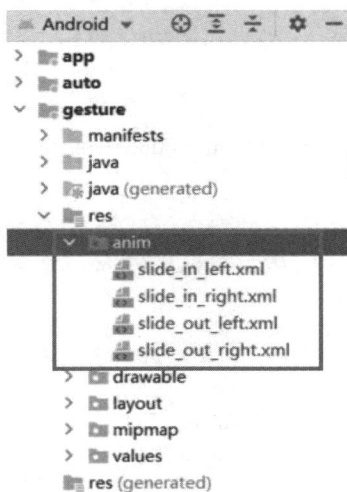

图1-64　创建动画资源文件

准备5张图片,分别命名为img01.jpg、img02.jpg、img03.jpg、img04.jpg、img05.jpg,作为手势操作的目标图片,保存到"res"-"drawable"目录下。

步骤4:实现onGestureListener接口

修改MainActivity类,声明实现GestureDetector.onGestureListener接口,并实现该接口的全部抽象方法。

```java
package com.dr.gesture;
import androidx.appcompat.app.AppCompatActivity;
import android.os.Bundle;
import android.view.GestureDetector;
import android.view.MotionEvent;
import android.view.animation.Animation;
import android.view.animation.AnimationUtils;
import android.widget.ImageView;
import android.widget.ViewFlipper;
//实现GestureDetector.OnGestureListener接口,并实现所有抽象方法
public class MainActivity extends AppCompatActivity
        implements GestureDetector.OnGestureListener {
    @Override
    protected void onCreate(Bundle savedInstanceState) {
        super.onCreate(savedInstanceState);
        setContentView(R.layout.activity_main);
    }
    @Override
    public boolean onDown(MotionEvent motionEvent) {
        return false;
    }
    @Override
    public void onShowPress(MotionEvent motionEvent) {
    }
    @Override
    public boolean onSingleTapUp(MotionEvent motionEvent) {
        return false;
    }
    @Override
    public boolean onScroll(MotionEvent motionEvent, MotionEvent motionEvent1, float v,
    float v1) {
        return false;
    }
```

```
@Override
public void onLongPress(MotionEvent motionEvent) {
}
@Override
public boolean onFling(MotionEvent motionEvent, MotionEvent motionEvent1, float v,
float v1) {
        return false;
}
}
```

步骤5：添加基本属性

在MainActivity类中定义5个属性。

动画数组：定义数据类型为Animation的数组，因为前面定义了4个动画资源文件，所以该数组的长度设置为4。

图片数组：复制几张图片到资源目录中。定义数据类型为int的数组，使用图片资源目录中的图片资源，并将图片数组初始化。

最小距离：定义整数变量，作为手势动作两点间最小距离。

手势检测器：定义一个全局的手势检测器。

图片切换组件：声明ViewFlipper类型的变量。

```
//实现 GestureDetector.OnGestureListener 接口，并实现所有抽象方法
public class MainActivity extends AppCompatActivity
        implements GestureDetector.OnGestureListener {
    //动画数组，为 ViewFlipper 指定切换动画
    private Animation[] animations = new Animation[4];
    //图片数组
    private int[] images = new int[]{R.drawable.img01, R.drawable.img02, R.drawable.
    img03, R.drawable.img04, R.drawable.img05};
    //以手势动作两点之间最小距离
    private int distance = 50;
    //图片切换组件
    private ViewFlipper flipper;
    //手势检测器
private GestureDetector detector;
    // 其他代码不变
}
```

步骤6：重写onCreate方法

初始化手势检测器。

初始化VieWFlipper，将要显示的图片加载到VieWFlipper中。

初始化动画数组，将动画资源文件加载到动画数组中。

```java
//实现 GestureDetector.OnGestureListener 接口,并实现所有抽象方法
public class MainActivity extends AppCompatActivity
        implements GestureDetector.OnGestureListener {
    //动画数组
    private Animation[] animations = new Animation[4];
    //图片数组
    private int[] images = new int[]{R.drawable.img01, R.drawable.img02, R.drawable.
img03, R.drawable.img04, R.drawable.img05};
    //最小距离
    private int distance = 50;
    //图片切换组件
    private ViewFlipper flipper;
    //手势检测器
    private GestureDetector detector;
    @Override
    protected void onCreate(Bundle savedInstanceState) {
        super.onCreate(savedInstanceState);
        setContentView(R.layout.activity_main);
        //初始化手势检测器
        detector = new GestureDetector(MainActivity.this, this);
        //初始化 ViewFlipper,加载图片到 ViewFlipper 中
        flipper = findViewById(R.id.flipper);
        for (int i = 0; i < images.length; i++) {
            ImageView imageView = new ImageView(this);
            imageView.setImageResource(images[i]);
            flipper.addView(imageView);
        }
        //初始化动画数组,将动画资源文件加载到数组中
        animations[0] = AnimationUtils.loadAnimation(this, R.anim.slide_in_left);
        animations[1] = AnimationUtils.loadAnimation(this, R.anim.slide_out_left);
        animations[2] = AnimationUtils.loadAnimation(this, R.anim.slide_in_right);
        animations[3] = AnimationUtils.loadAnimation(this, R.anim.slide_out_right);
    }
    // 其他代码不变
}
```

步骤7：重写 onFling 方法

通过触摸事件的 X 坐标来判断用户操作是从右向左滑动，还是从左向右滑动，并且根据判断结果为其设置动画效果。

```
//实现 GestureDetector.OnGestureListener 接口,并实现所有抽象方法
public class MainActivity extends AppCompatActivity
        implements GestureDetector.OnGestureListener {
// 其他代码不变
    @Override
    public boolean onFling(MotionEvent e1, MotionEvent e2, float v, float v1) {
        //通过触摸事件的 X 坐标,判断向左滑动还是向右滑动,并且设置相应动画
        if (e1.getX() – e2.getX() > distance) {//从右向左
            //为 flipper 设置切换的动画效果
            flipper.setInAnimation(animations[2]);
            flipper.setOutAnimation(animations[1]);
            flipper.showPrevious();
        } else if (e2.getX() – e1.getX() > distance) {//从左向右
            //为 flipper 设置切换的动画效果
            flipper.setInAnimation(animations[0]);
            flipper.setOutAnimation(animations[3]);
            flipper.showNext();
        }
        return false;
    }
}
```

步骤8：重写 onTouchEvent 方法

修改触摸事件的默认响应，使之从原来的 Activity 变更为由手势检测器。

```
//实现 GestureDetector.OnGestureListener 接口,并实现所有抽象方法
public class MainActivity extends AppCompatActivity
        implements GestureDetector.OnGestureListener {
// 其他代码不变
    @Override
    public boolean onTouchEvent(MotionEvent event) {
        //将 Activity 上的触摸事件交给 GestureDetector 处理
        return detector.onTouchEvent(event);
    }
}
```

步骤9：编写动画资源文件

为4个动画资源文件添加内容。

slide_in_left.xml

```xml
<?xml version="1.0" encoding="utf-8"?>
<set xmlns:android="http://schemas.android.com/apk/res/android">
    <translate
        android:duration="1000"
        android:fromXDelta="-100%p"
        android:toXDelta="0" />
</set>
```

slide_in_right.xml

```xml
<?xml version="1.0" encoding="utf-8"?>
<set xmlns:android="http://schemas.android.com/apk/res/android">
    <translate
        android:duration="1000"
        android:fromXDelta="100%p"
        android:toXDelta="0" />
</set>
```

slide_out_left.xml

```xml
<?xml version="1.0" encoding="utf-8"?>
<set xmlns:android="http://schemas.android.com/apk/res/android">
    <translate
        android:duration="1000"
        android:fromXDelta="0"
        android:toXDelta="-100%p" />
</set>
```

slide_out_right.xml

```xml
<?xml version="1.0" encoding="utf-8"?>
<set xmlns:android="http://schemas.android.com/apk/res/android">
    <translate
        android:duration="1000"
        android:fromXDelta="0"
        android:toXDelta="100%p" />
</set>
```

1.3　创建和导出手势

任务描述

上面介绍的手势操作都是 Android 系统当中预定义类,需要时直接使用即可。Android 系统除了提供手势检测之外,它还允许应用程序,把用户自己定义的手势添加到指定的文件当中。当用户再次画出这个手势的时候,系统就可以根据这个手势做出相应的操作。

通过本任务的学习,利用 Android 模拟器中所提供的创建手势的小应用,实现手势创建及手势文件导出。

任务要求

①掌握 Android 模拟器中提供的创建手势小应用的使用方法。
②掌握通过 Android 模拟器中提供的创建手势小应用创建手势。
③掌握导出手势文件的方法。

相关知识

1.3.1　Android 模拟器中创建手势的小应用

Android 模拟器中提供了若干小应用程序,其中一个名为"Gestures Builder"的小应用,可以让用户自己创建手势。

启动 Android 模拟器,如图 1-65 所示。

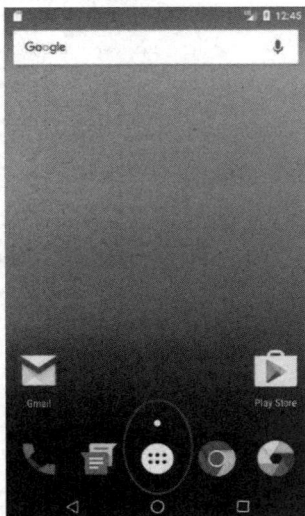

图 1-65　启动 Android 模拟器

单击底部导航中间的按钮,查看所有小应用程序,如图1-66所示。

单击Gestures Builder小应用,启动手势生成器,如图1-67所示。

图1-66　查看所有小应用程序

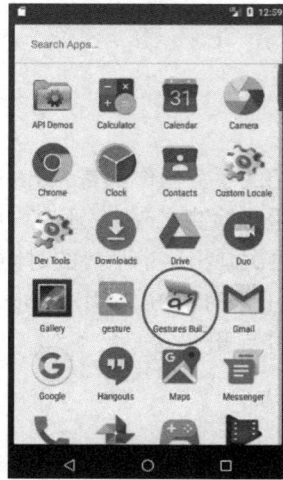

图1-67　启动手势生成器

1.3.2　导出手势的方法

通过"Gestures Builder"的小应用创建手势之后,可以将手势以文件的形式导出Android模拟器之外。要想导出手势文件,需确认Android模拟器已经启动。

打开Device File Explorer,找到目录"storage",如图1-68所示。

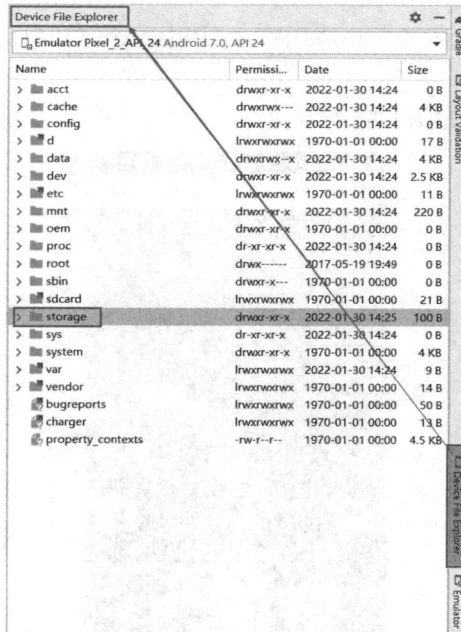

图1-68　打开Device File Explorer

在"storage →self → primary"目录下,找到"gestures"文件,如图1-69所示。这个文件中保存了通过"Gestures Builder"小应用创建的手势。

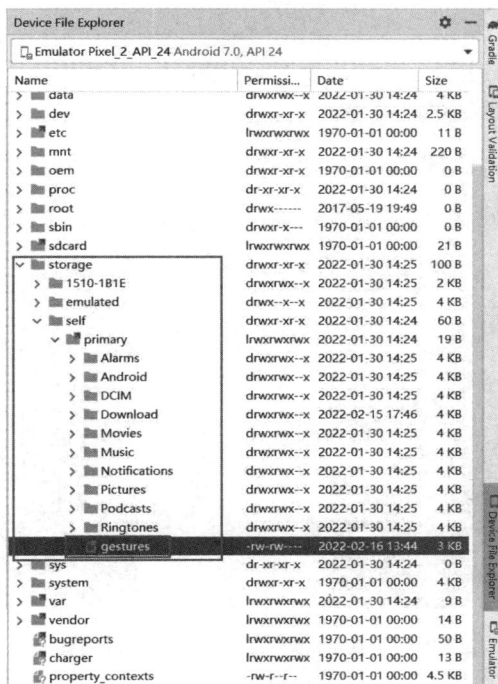

图1-69 gestures文件

任务实施

步骤1:启动Android模拟器

通过Android Virtual Device Manager 打开Android模拟器,如图1-70所示。

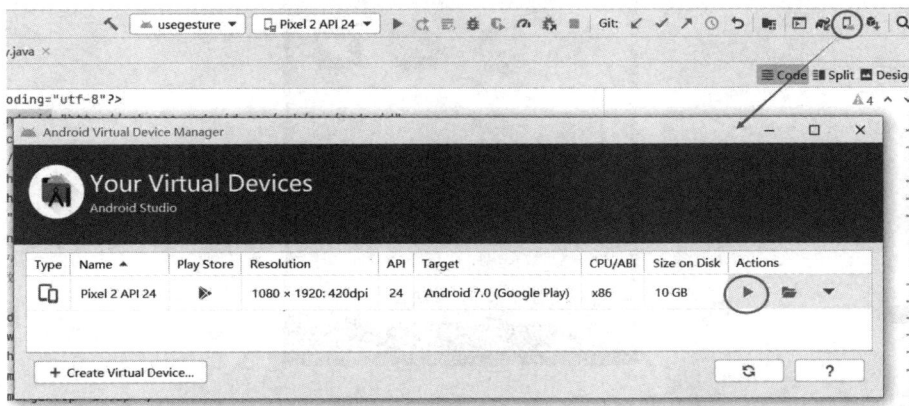

图1-70 创建Module

步骤2:启动手势生成器

启动 Android 模拟器后,单击手机屏幕下方的 Home 键(中间的"○"按钮),回到手机桌面主屏,如图1-71所示。

单击底部导航中间的按钮,查看所有小应用程序,如图1-72所示。

图1-71　单击手机屏幕下方的Home键　　　　图1-72　单击底部导航中间的按钮

查看所有小应用程序,找到 Gestures Builder,单击启动手势生成器,如图1-73所示。

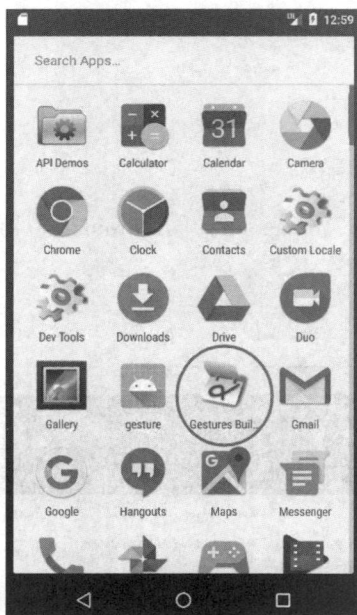

图1-73　启动手势生成器

步骤3：创建手势

单击"Add gesture"按钮，添加手势，如图1-74所示。

图1-74　添加手势

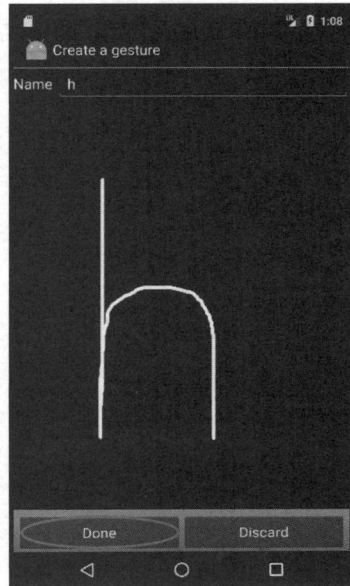

图1-75　绘制手势

在"Name"文本框，输入手势对应的内容，并使用鼠标模拟手指动作绘制手势，如图1-75所示。

绘制完成后，单击"Done"按钮保存手势。保存的手势出现在列表中，如图1-76所示。

图1-76　保存的手势出现在列表中

图1-77　单击Add gesture按钮添加更多的手势

可以继续单击"Add gesture"按钮添加更多的手势，如图1-77所示。

步骤4：找到手势文件

回到 Android Studio，单击开发界面右侧的"Device File Explorer"按钮，打开 Device File Explorer 窗口，依次展开"storage→ self→primary"，在primary 目录下，找到"gestures"文件，如图1-78所示。

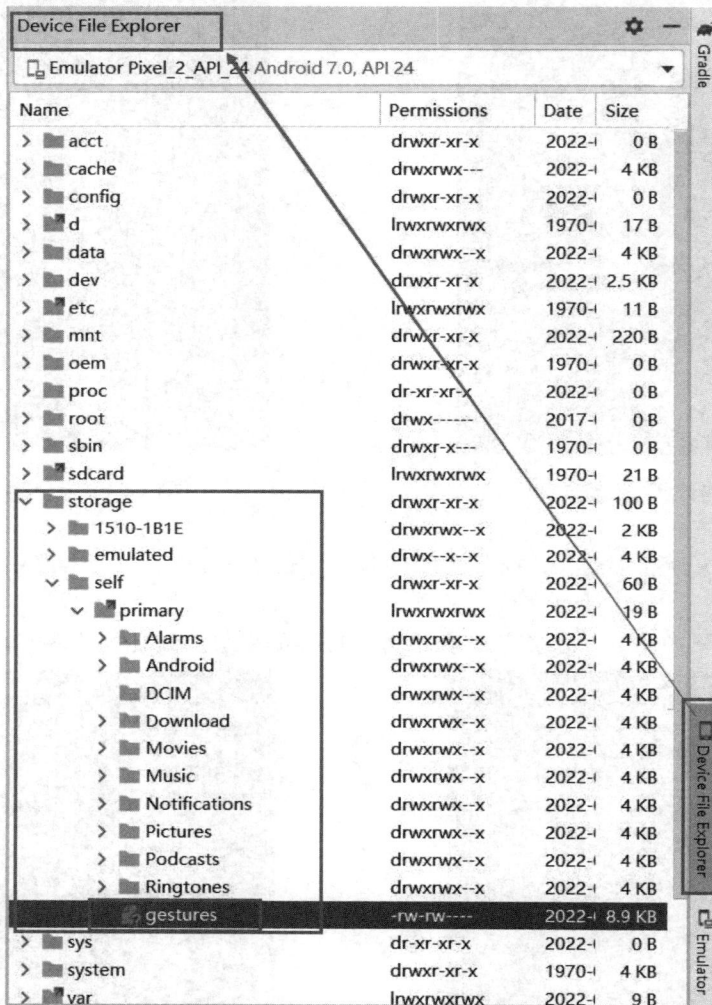

图1-78　找到"gestures"文件

步骤5：导出手势

右键单击"gestures"文件，在弹出菜单中选择"Save As"菜单项，如图1-79所示，将"gestures"文件保存到模拟器外的操作系统中，如图1-80所示。

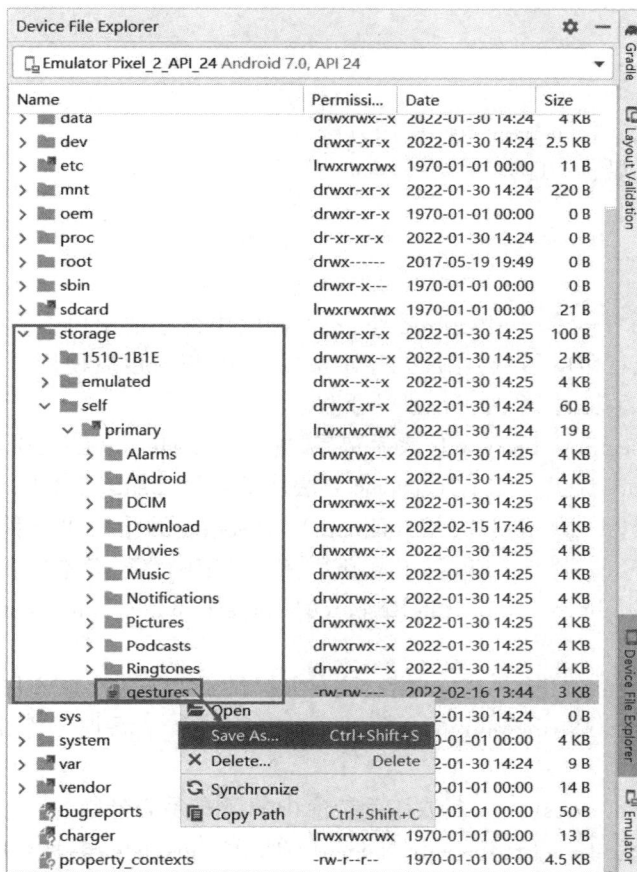

图1-79　文件保存

图1-80　gestures文件

1.4　识别手势

任务描述

模拟微信手写输入，实现识别输入手势的功能。

通过本任务的学习，利用GestureOverlayView组件模拟手写输入，并结合自定义的手势实现手势识别。

任务要求

①掌握导入 gesture 文件的方法。

②掌握 GestureOverlayView 组件使用方法。

③掌握手势识别的实现方法。

相关知识

Android 手势除了提供手势检测之外,还允许应用程序把用户手势(多个持续的触摸事件在屏幕中形成特定的形状)添加到指定文件夹中,以备以后使用——如果程序需要,当用户下次画出该手势时,系统可识别该手势。

Android 使用 GestureLibrary 来代表手势库,并提供了 GestureLibraries 工具类来创建手势库,GestureLibraries 提供了如下几个静态方法从不同位置加载手势库。

- static GestureLibrary fromFile(String path)　//从指定的路径加载手势。
- static GestureLibrary fromFile(File path)　//从指定的路径对象加载手势。
- static GestureLibrary fromPrivateResource(Context context, int resourceID)　//从资源库中加载手势。

当用户获取 GestureLibrary 对象之后,该对象提供了如下方法来添加手势、识别手势。

- void addGesture(String entryName, Gesture gesture)　//添加一个名为 entryName 的手势。
- Set getGestureEntries()　//获取该手势库中的所有手势名称。
- ArrayList getGestures(String entryName)　//获取 entryName 名称对应的全部手势。
- ArrayList recognize(Gesture gesture)　//从当前手势库中识别与 gesture 匹配的全部手势。
- void removeEntry(String entryName)　//删除手势库中识别的 entryName 对应的手势。
- void removeGesture(String entryName, Gesture gestrue)　//删除手势库中 entryName、gesture 对应的手势。
- boolean save()　//当手势库中添加手势或删除手势后调用该方法来保存手势库。

Android 关于手势的操作提供两种形式:一种是针对用户手指在屏幕上画出的动作而进行移动的检测,这些手势的检测通过 Android 提供的监听器来实现;另一种是用户手指在屏幕上滑动而形成一定的不规则的几何图形(即为多个持续触摸事件在屏幕形成特定的形状)。本例使用的是第二种手势。

绘制手势需要一个视图界面平台,而这个视图界面平台由 GestureOverlayView 这个类来实现,该类继承 FrameLayout 容器视图类。所以,在手机屏幕上画手势时,GestureOverlayView 主要负责显示和处理手指在屏幕上滑动所形成的手势。

在屏幕上绘制手势,需要在 main.xml 文件中添加一个 GestureOverlayView 组件。

```xml
<android.gesture.GestureOverlayView
    android:id="@+id/gesture"
    android:layout_width="fill_parent"
    android:layout_height="fill_parent">
</android.gesture.GestureOverlayView>
```

然后，在 Activity 中加载布局文件并实现手势绘制。

```java
public class DrawGestureTest extends Activity implements OnGesturePerformedListener,
OnGesturingListener
{
    private GestureOverlayView mDrawGestureView;
    /** Called when the activity is first created. */
    @Override
    public void onCreate(Bundle savedInstanceState)
    {
        super.onCreate(savedInstanceState);
        setContentView(R.layout.main);
        mDrawGestureView = (GestureOverlayView)findViewById(R.id.gesture);
        //设置手势可多笔画绘制，默认情况为单笔画绘制
        mDrawGestureView.setGestureStrokeType(GestureOverlayView.
        GESTURE_STROKE_TYPE_MULTIPLE);
        //设置手势的颜色(蓝色)
        mDrawGestureView.setGestureColor(gestureColor(R.color.gestureColor));
        //设置还没形成手势绘制时的颜色(红色)
        mDrawGestureView.setUncertainGestureColor(gestureColor
        (R.color.ungestureColor));
        //设置手势的粗细
        mDrawGestureView.setGestureStrokeWidth(4);
        /*手势绘制完成后淡出屏幕的时间间隔，即绘制完手指离开屏幕后相隔多
        长时间手势从屏幕上消失；
        * 可以理解为手势绘制完成手指离开屏幕后到调用 onGesturePerformed 的
        时间间隔
        * 默认值为 420 毫秒，这里设置为 2 秒
        */
        mDrawGestureView.setFadeOffset(2000);
        //绑定监听器
        mDrawGestureView.addOnGesturePerformedListener(this);
        mDrawGestureView.addOnGesturingListener(this);
    }
```

```java
//手势绘制完成时调用
@Override
public void onGesturePerformed(GestureOverlayView overlay, Gesture gesture)
{
    // TODO Auto-generated method stub
    showMessage("手势绘制完成");
}
private int gestureColor(int resId)
{
    return getResources().getColor(resId);
}
private void showMessage(String s)
{
    Toast.makeText(this, s, Toast.LENGTH_SHORT).show();
}
//结束正在绘制手势时调用(手势绘制完成时,一般是先调用它再调用
onGesturePerformed)
@Override
public void onGesturingEnded(GestureOverlayView overlay)
{
    // TODO Auto-generated method stub
    showMessage("结束正在绘制手势");
}
//正在绘制手势时调用
@Override
public void onGesturingStarted(GestureOverlayView overlay)
{
    // TODO Auto-generated method stub
    showMessage("正在绘制手势");
}
@Override
protected void onDestroy()
{
    // TODO Auto-generated method stub
    super.onDestroy();
    //移除绑定的监听器
    mDrawGestureView.removeOnGesturePerformedListener(this);
    mDrawGestureView.removeOnGesturingListener(this);
}
}
```

任务实施

步骤 1：新建应用

创建新的 Module，名称为"UseGestrue"，如图 1-81 所示。关于创建 Module 具体细节，请参见 1.2 节中的"任务实施"下的"步骤 1：新建应用"所述内容。

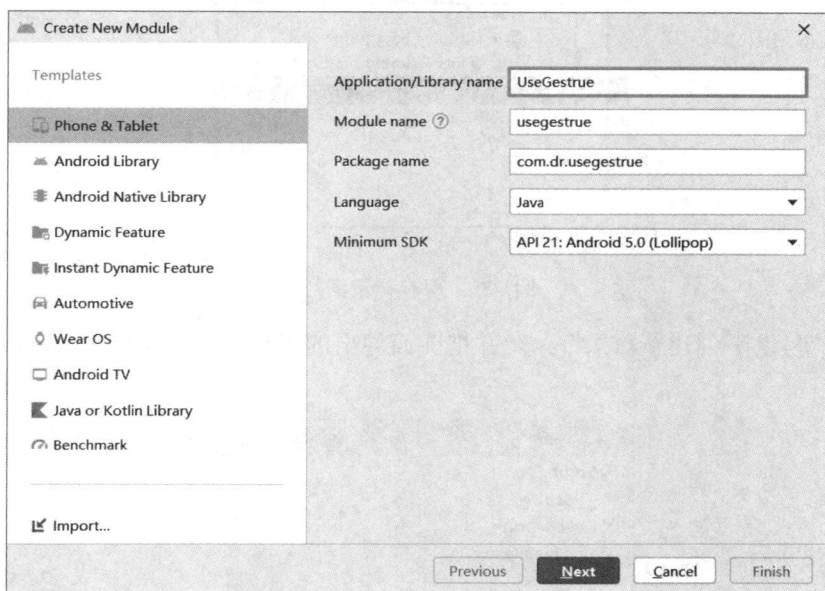

图1-81 创建Module

步骤 2：导入手势文件和背景图片

准备一张微信聊天界面的图片作为背景图片，如图 1-82 所示。图片复制到"res"-"drawable"目录下，如图 1-83 所示。

图1-82 微信聊天界面

图1-83　保存背景图片

在"res"目录下创建新目录"raw"，并把前面导出的手势文件复制到"raw"目录下，如图1-84所示。

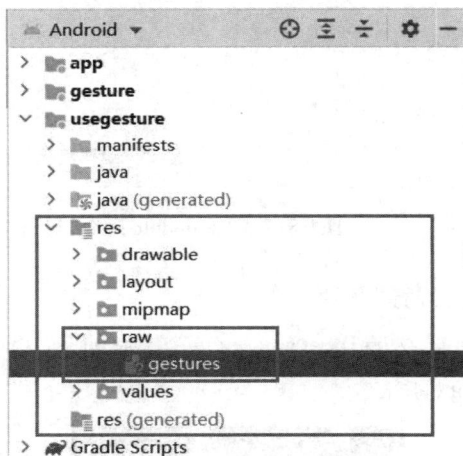

图1-84　导入gestures手势文件

步骤3：配置activity_main.xml文件

①修改布局为RelativeLayout。
②添加背景图片。
③添加文本编辑框。
④添加手势组件。
⑤设置笔迹属性。

```
<?xml version="1.0" encoding="utf-8"?>
<RelativeLayout xmlns:android="http://schemas.android.com/apk/res/android"
    xmlns:app="http://schemas.android.com/apk/res-auto"
```

```xml
    xmlns:tools="http://schemas.android.com/tools"
    android:layout_width="match_parent"
    android:layout_height="match_parent"
    android:background="@drawable/img_bg"
    tools:context=".MainActivity">
    <!--添加背景图片:android:background="@drawable/img_bg"-->
    <!--文本编辑框:显示接收到的手写内容-->
    <EditText
        android:id="@+id/editText"
        android:layout_width="200dp"
        android:layout_height="wrap_content"
        android:layout_marginStart="40dp"
        android:layout_marginTop="190dp" />
    <!--手势组件:模拟手写板,显示手写痕迹-->
    <android.gesture.GestureOverlayView
        android:id="@+id/gesture"
        android:layout_width="350dp"
        android:layout_height="300dp"
        android:layout_alignParentBottom="true"
        android:gestureColor="#f00"
        android:gestureStrokeWidth="50"
        android:gestureStrokeType="multiple"
        android:uncertainGestureColor="#0f0" />
    <!--
        android:layout_alignParentBottom="true":设置手写组件沿父容器底部对齐
        android:gestureColor="#f00":设置正确识别手势时笔迹颜色
        android:gestureStrokeWidth="50":设置笔迹粗细
        android:gestureStrokeType="multiple":设置允许多笔输入
        android:uncertainGestureColor="#0f0":设置无法识别手势时笔迹颜色
    -->
</RelativeLayout>
```

步骤4:实现OnGesturePerformedListener接口

```java
import androidx.appcompat.app.AppCompatActivity;
import android.gesture.Gesture;
import android.gesture.GestureOverlayView;
import android.os.Bundle;
```

```
public class MainActivity extends AppCompatActivity
        implements GestureOverlayView.OnGesturePerformedListener {
    @Override
    protected void onCreate(Bundle savedInstanceState) {
        super.onCreate(savedInstanceState);
        setContentView(R.layout.activity_main);
    }
    @Override
    public void onGesturePerformed(GestureOverlayView gestureOverlayView, Gesture
    gesture) {
    }
}
```

步骤5：重写onCreate方法

```
private GestureLibrary library; //手势库
private EditText editText; //文本框
@Override
protected void onCreate(Bundle savedInstanceState) {
    super.onCreate(savedInstanceState);
    setContentView(R.layout.activity_main);
    library = GestureLibraries.fromRawResource
            (MainActivity.this, R.raw.gestures); //加载手势文件
    editText = (EditText) findViewById(R.id.editText); //获取编辑框
    if (!library.load()) {// 如果加载失败则退出
        finish();
    }
    GestureOverlayView gestureOverlayView = (GestureOverlayView) findViewById(R.id.
    gesture);
    gestureOverlayView.setFadeOffset(1000);//手势完成后，笔迹滞留的时长
    gestureOverlayView.addOnGesturePerformedListener(this);// 增加事件监听器
}
```

步骤6：重写onGesturePerformed方法

```
@Override
public void onGesturePerformed(GestureOverlayView gestureOverlayView, Gesture gesture) {
    ArrayList<Prediction> gestures = library.recognize(gesture);// 获得全部预测结果
```

```
int index = 0;// 保存当前预测的索引号
double score = 0.0;// 保存当前预测的得分
for (int i = 0; i < gestures.size(); i++) {// 获得最佳匹配结果
    Prediction result = gestures.get(i);// 获得一个预测结果
    if (result.score > score) {
        index = i;
        score = result.score;
    }
}
String text = editText.getText().toString();// 获得编辑框中已经包含的文本
text += gestures.get(index).name;// 获得最佳匹配
editText.setText(text);// 更新编辑框
}
```

1.5　项目小结

通过对项目的实践,即从项目搭建到项目调试,掌握安装配置Android Studio的方法,掌握如何实现手势检测、手势识别及自定义的手势创建和导出、触摸屏手势识别,利用触摸屏的Scroll、Fling等Gesture(手势)来操作屏幕,比如用Scroll手势在浏览器中滚屏,用Fling在阅读器中翻页等,Android系统除了提供手势检测之外,它还允许应用程序把用户自己定义的手势添加到指定的文件当中。当用户再次画出这个手势时,系统就可以根据这个手势来做出相应的操作。

1.6　拓展练习

为手势检测项目增加新功能,实现上下滑动图片时,图片以缩放的动画效果进行切换。(△)

项目 2
智能网联车载多媒体音乐播放项目实现 ·················◯

项目背景

　　长时间驾驶汽车是件十分枯燥的事情,驾驶员很容易疲劳。如果能够一边开车,一边收听美妙动听的歌曲,这样既不会过分地分散驾驶员的注意力,也可以通过音乐来缓解驾驶员的疲劳。车载音乐播放器无疑成了车辆上不可或缺的一个重要组成部分。

所支撑的职业技能

　　通过本项目的学习,掌握能够通过SoundPool组件和MediaPlayer组件等方式实现音乐播放的方法。

重点与难点

　　◇重点
　　• 通过SoundPool创建组件对象。
　　• 通过MediaPlayer创建组件对象。
　　• 加载音频资源。
　　• 设置组件属性。
　　• 设置事件监听器。
　　• 播放状态控制。

　　◇难点
　　• 事件监听。
　　• 控制播放状态。

2.1　使用SoundPool组件实现音频播放

任务描述

在Android开发中,难免会碰到音视频相关的处理,Android提供两种简单的开发方式,一种是通过SoundPool,另一种是通过MediaPlayer。SoundPool适合播放反应速度要求较高的声效,比如,游戏中的爆炸音效。

通过本任务的学习,实现使用SoundPool组件开发音频播放功能。

任务要求

①了解SoundPool组件的基本概念。
②掌握使用SoundPool组件开发播放铃声列表中铃声的方法。

相关知识

2.1.1　SoundPool概述

SoundPool是Android提供的一个API类,用来播放简短的音频,使用简单但功能相对强大。只需花很少的气力,就可以完成音频的播放、暂停、恢复及停止等操作。从名字上也可以看出,它是一个"pool",可以加载多个音频资源到内存,进行管理与播放,比如控制同时播放流的最大数目。加载资源到内存是需要花费少许时间的,因此需要监听加载资源完毕的事件,在加载完毕后才能进行播放,以免发生不可预期的错误。

如果应用程序经常播放密集、急促而又短暂的音效(如游戏音效)那么使用MediaPlayer就显得有些不太适合了。因为MediaPlayer存在如下缺点:

• 延时时间较长,且资源占用率高。

• 不支持多个音频同时播放。

Android中除了MediaPlayer播放音频之外还提供了SoundPool来播放音效,SoundPool使用音效池的概念来管理多个短促的音效,例如它开始就可以加载20个音效,以后在程序中按音效的ID进行播放。

SoundPool主要用于播放一些较短的声音片段,与MediaPlayer相比,SoundPool的优势在于CPU资源占用量低和反应延迟小。另外,SoundPool还支持自行设置声音的品质、音量、播放比率等参数。

2.1.2　创建 SoundPool

（1）创建一个 SoundPool 对象

SoundPool 提供了一个构造器，该构造器可以指定它总共支持多少个声音（也就是池的大小）和声音的品质。

其构造方法如下：

```
public SoundPool(int maxStream, int streamType, int srcQuality)
```

- int maxStreams：在声音池中允许同时存在的声音数量。当池子中的声音超过这个数量时，优先级（后面会提到）最低或者最早（Oldest）放进池中的，将被移除。这个数值不是越大越好，因为越大也就意味着 Android 会给预分配一个更大的空间，如果不需要使用，会造成浪费。
- int streamType：声音流的类型，有 STREAM_RING、STREAM_MUSIC 等，一般都是使用后者，即 AudioManager.STREAM_MUSIC。
- int srcQuality：官网解释为"采样速率转化器的质量"，这个参数目前没有什么实际意义（可能还没实现这个功能），所以设置什么数值都无所谓，官方建议用"0"。

初始化一个实例，创建了一个最多支持 5 个流同时播放，其类型标记为音乐的 SoundPool。

```
SoundPool soundPool = new SoundPool(5, AudioManager.STREAM_MUSIC, 0);
```

（2）加载音频资源

一旦得到了 SoundPool 对象之后，接下来就可调用 SoundPool 的多个重载的 load 方法来加载声音了。可以通过 4 种途径来记载一个音频资源。

- int load(Context context, int resld, int priority)
- int load(FileDescriptor fd, long offset, long length, int priority)
- int load(AssetFileDescriptor afd, int priority)
- int load(String path, int priority)

上面 4 个方法中都有一个 priority 参数，该参数目前还没有任何作用，Android 建议将该参数设为"1"，保持和未来的兼容性。

1）通过一个资源 ID

```
int load(Context context, int resId, int priority)
```

- Context context：一般都是设置为 getApplicationContext()获取。
- int resId：想要加载的音效资源 ID，通常使用 R.raw.XXX。
- int priority：音效播放时的优先级，官方解释这个参数在这个方法中不起作用，建议用"1"暂时代替。

2）通过一个 AssetFileDescriptor 对象

```
int load(AssetFileDescriptor afd, int priority)
```

3）通过指定的路径加载

```
int load(String path, int priority)
```

4）通过 FileDescriptor 加载

```
int load(FileDescriptor fd, long offset, long length, int priority)
```

一个 SoundPool 能同时管理多个音频，可以通过多次调用 load 函数来记载，如果记载成功将返回一个非 0 的 soundID，用于播放时指定特定的音频。

```
int soundID1 = soundPool.load(this, R.raw.sound1, 1);
if(soundID1 ==0){undefined
    // 记载失败
}else{undefined
    // 加载成功
}
int soundID2 = soundPool.load(this, R.raw.sound2, 1);
...
```

这里加载了两个流，并分别记录了返回的 soundID。

需要注意的是，流的加载过程是一个将音频解压为原始 16 位 PCM 数据的过程，由一个后台线程来进行处理异步，所以初始化后不能立即播放，需要等待一段时间。

（3）播放控制

有以下几个函数可用于控制播放：

①播放指定音频的音效，并返回一个 streamID。

```
final int play(int soundID, float leftVolume, float rightVolume, int priority, int loop, float rate)
```

- soundID：指定播放哪个声音。
- float leftVolume：左声道音量大小，这是一个相对值，大小为 0.0f ~ 1.0f，具体计算方法为：想要的声音大小 / 最大音量，比如取值 0.8f 表示最大音量的 80%。
- float rightVolume：右声道音量大小，具体方法如上。
- int priority：优先级，值越大优先级越高，0 的优先级最低。
- int loop：是否需要循环播放，取值不限。其中负数表示无穷循环（官方建议，如果无穷循环，用 -1，当然 -2、-3 等也行），非负数表示循环次数，比如 0 表示循环 0 次，即播放1次就不再循环了,总共就只播放1次;1则表示循环1次(总共播放2次)。

- float rate:这个参数可以理解为播放速率(比如快进、快退),取值0.5f~2.0f,其中0.5表示播放速度为正常的0.5倍;1表示正常速率播放。

②暂停指定播放流的音效(streamID 应通过 play( )返回)。

```
final void pause(int streamID)
```

③继续播放指定播放流的音效(streamID 应通过 play( )返回)。

```
final void resume(int streamID)
```

④停止指定播放流的音效(streamID 应通过 play( )返回)。

```
final void stop(int streamID)
```

这里需要注意的是:

①play( )传递的是一个load( )返回的soundID——指向一个被记载的音频资源,如果播放成功则返回一个非0的streamID——指向一个成功播放的流;同一个soundID可以通过多次调用play( ),而获得多个不同的streamID(只要不超出同时播放的最大数量);

②pause( )、resume( )和 stop( )是针对播放流操作的,传递的是 play( ),返回的streamID。

③play( )中的priority参数,只在同时播放的流的数量,超过了预先设定的最大数量时起作用,管理器将自动终止优先级低的播放流。如果存在多个同样优先级的流,再进一步根据其创建事件来处理,新创建的流的年龄是最小的,将被终止。

④无论如何,程序退出时,手动终止播放并释放资源是必要的。

(4)更多属性设置

主要就是paly( )中的一些参数的独立设置。

```
final void setLoop(int streamID, int loop)
```

设置指定播放流的循环。

```
final void setVolume(int streamID, float leftVolume, float rightVolume)
```

设置指定播放流的音量。

```
final void setPriority(int streamID, int priority)
```

设置指定播放流的优先级,上面已说明 priority 的作用。

```
final void setRate(int streamID, float rate)
```

设置指定播放流的速率，取值范围为0.5~2.0。

(5)释放资源

可操作的函数有：

① final boolean unload(int soundID)　//卸载一个指定的音频资源。
② final void release()　　　　　　　//释放 SoundPool 中的所有音频资源。

(6)示例代码

```
SoundPool sp;
HashMap<Integer, Integer> sounddata;
Context mcontext;
Boolean isLoaded;
//初始化声音
public void InitSound() {
            sp = new SoundPool(5, AudioManager.STREAM_MUSIC, 0);
            sounddata = new HashMap<Integer, Integer>();
            sounddata.put(1, sp.load(this, R.raw.mp31, 1));
            sounddata.put(2, sp.load(this, R.raw.mp32, 1));
        sp.setOnLoadCompleteListener(new SoundPool.OnLoadCompleteListener(){
            @Override
            public void onLoadComplete(SoundPool sound,int sampleId,int status){
                isLoaded=true;
                Toast.makeText(mcontext,
                    "音效加载完成！",
                    Toast.LENGTH_SHORT);
            }
        });
}
……
    public void playSound(int sound, int number) {
        AudioManager am = (AudioManager) this
        .getSystemService(Context.AUDIO_SERVICE);
        float audioMaxVolumn = am.getStreamMaxVolume(AudioManager.
        STREAM_MUSIC);
        float volumnCurrent = am.getStreamVolume(AudioManager.STREAM_MUSIC);
        float volumnRatio = volumnCurrent / audioMaxVolumn;
        sp.play(sounddata.get(sound),
```

```
                    volumnRatio,// 左声道音量
                    volumnRatio,// 右声道音量
                    1,// 优先级
                    number,// 循环播放次数
                    1);// 回放速度,该值为 0.5 ~ 2.0,1 为正常速度
        }
……
//2. 播放声音
if(isLoaded==true)
        playSound(1,1);
```

（7）小结

①一个 SoundPool 可以管理多个音频资源,通过 load（）函数,成功则返回非 0 的 soundID。

②一个 SoundPool 可以同时播放多个音频,通过 play（）函数,成功则返回非 0 的 streamID。

③pause（）、resume（）和 stop（）等操作是针对 streamID（播放流）的。

④当设置为无限循环时,需要手动调用 stop（）来终止播放。

⑤播放流的优先级,即 play（）中的 priority 参数,只在同时播放数超过设定的最大数时起作用。

⑥程序中不用考虑播放流的生命周期,无效的 soundID/streamID 不会导致程序错误。

任务实施

步骤 1：新建应用

创建新的 Module,名称为"SPAudio"。关于创建 Module 具体细节,请参见 1.2 节中的 "任务实施"下的"步骤 1：新建应用"所述内容。

步骤 2：导入音频文件

下载几个 .ogg 后缀的音频文件。Ogg 全称是 OGG Vorbis,是一种音频压缩格式,类似于 MP3 等的音乐格式。但有一点不同的是,它是完全免费、开放和没有专利限制的。OGG Vorbis 有一个特点是支持多声道。

在"res"目录下创建新目录"raw",并把准备好的 ogg 文件复制到"raw"目录下,如图 2-1 所示。

步骤 3：创建铃声列表文件

在"res\values"目录下创建"bells.xml"文件,如图 2-2 所示。

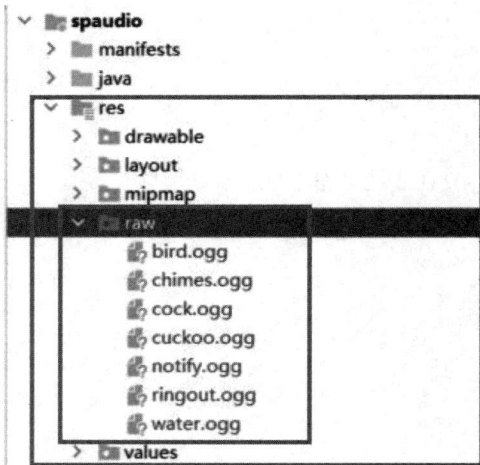

图2-1　导入ogg音频文件

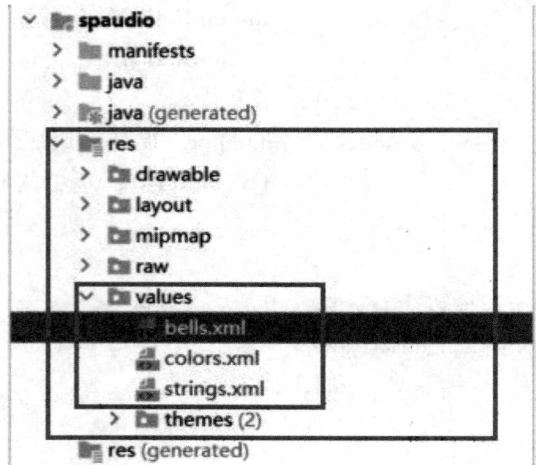

图2-2　创建铃声列表文件

编写铃声列表文件

```xml
<?xml version="1.0" encoding="utf-8"?>
<resources>
        <array name="bellname">
            <item>布谷鸟叫声</item>
            <item>风铃声</item>
            <item>门铃声</item>
            <item>电话声</item>
            <item>鸟叫声</item>
            <item>水流声</item>
            <item>公鸡叫声</item>
        </array>
</resources>
```

步骤4:配置activity_main.xml文件

①修改布局为RelativeLayout。
②添加ListView组件显示待播放的铃声列表。
③ListView组件中,指定铃声列表。

```xml
<?xml version="1.0" encoding="utf-8"?>
<RelativeLayout xmlns:android="http://schemas.android.com/apk/res/android"
        xmlns:app="http://schemas.android.com/apk/res-auto"
        xmlns:tools="http://schemas.android.com/tools"
        android:layout_width="match_parent"
```

```
    android:layout_height="match_parent"
    tools:context=".MainActivity">
    <ListView
        android:id="@+id/listView"
        android:layout_width="match_parent"
        android:layout_height="match_parent"
            android:entries="@array/bellname" />
</RelativeLayout>
```

步骤 5：编辑 MainActivity.java 文件，重写 onCreate 方法

```java
import androidx.appcompat.app.AppCompatActivity;
import android.media.SoundPool;
import android.os.Bundle;
import android.view.View;
import android.widget.AdapterView;
import android.widget.ListView;
import java.util.HashMap;
public class MainActivity extends AppCompatActivity {
    @Override
    protected void onCreate(Bundle savedInstanceState) {
        super.onCreate(savedInstanceState);
        setContentView(R.layout.activity_main);
        ListView listview = (ListView) findViewById(R.id.listView); // 获取列表视图
        SoundPool soundpool = new SoundPool.Builder()            // 创建 SoundPool 对象
            .setMaxStreams(10) // 设置最多可容纳 10 个音频流
            .build();
        //创建一个 HashMap 对象，将要播放的音频流保存到 HashMap 对象中
        HashMap<Integer, Integer> soundmap = new HashMap<Integer, Integer>();
        soundmap.put(0, soundpool.load(this, R.raw.cuckoo, 1));
        soundmap.put(1, soundpool.load(this, R.raw.chimes, 1));
        soundmap.put(2, soundpool.load(this, R.raw.notify, 1));
        soundmap.put(3, soundpool.load(this, R.raw.ringout, 1));
        soundmap.put(4, soundpool.load(this, R.raw.bird, 1));
        soundmap.put(5, soundpool.load(this, R.raw.water, 1));
        soundmap.put(6, soundpool.load(this, R.raw.cock, 1));
        //为 ListView 设置事件监听器，为每个选项设置对应要播放的音频
        listview.setOnItemClickListener(new AdapterView.OnItemClickListener() {
            @Override
```

```
public void onItemClick(AdapterView<?> parent, View view, int position,
long id) {
    /*
     * play：
     * 参数 1：要播放的音频文件的 id
     * 参数 2：左声道音量，取值：0-1
     * 参数 3：右声道音量，取值：0-1
     * 参数 4：播放音频的优先级，数值越大，优先级越高
     * 参数 5：循环次数，0：不循环
     * 参数 6：播放速度，1：正常速度，即 1 倍速，取值范围 0.5-2
     */
    soundpool.play(soundmap.get(position), 1, 1, 0, 0, 1); //播放所选音频
    }
});
}
}
```

步骤6：优化界面标题

编辑"res\values"目录下"strings.xml"文件，修改应用程序标题，运行结果如图2-3所示。

```
<resources>
    <string name="app_name">铃声列表</string>
</resources>
```

图2-3 优化应用程序标题

2.2 使用MediaPlayer组件实现音频播放

任务描述

与SoundPool相比,Mediaplayer适合播放时间较长的声效,比如,游戏中的背景音乐。通过本任务的学习,掌握使用MediaPlayer组件开发音频播放功能。

任务要求

①了解MediaPlayer组件的基本概念。

②掌握使用MediaPlayer组件开发音频播放器,并提供播放、暂停、停止等功能。

相关知识

MediaPlayer类可以用来播放音视频文件,或者是音频流。开发者可以用它来播放本地音频,或者网络在线音频。

(1)创建MediaPlayer对象

使用构造方法

```
MediaPlayer mp = new MediaPlayer();
```

使用create的方式

```
MediaPlayer mp = MediaPlayer.create(this, R.raw.test);
```

(2)设置播放文件

MediaPlayer要播放的文件,主要包括4个来源。

1)应用中事先自带的resource资源

```
MediaPlayer.create(this, R.raw.test);
```

2)存储在SD卡或其他文件路径下的媒体文件

```
mp.setDataSource("/sdcard/test.mp3");
```

3）网络上的媒体文件

```
int load(String path, int priority)
```

4）通过 FileDescriptor 加载

```
mp.setDataSource("http://www.citynorth.cn/music/confucius.mp3");
```

（3）设置音源

MediaPlayer 的 setDataSource 的 4 个方法：

- setDataSource（String path）
- setDataSource（FileDescriptor fd）
- setDataSource（Context context，Uri uri）
- setDataSource（FileDescriptor fd，long offset，long length）

（4）MediaPlayer 的状态

播放控制由状态机控制。常见的音频状态有播放、暂停、停止、缓冲等，如图 2-4 所示。

MediaPlayer 的状态有如下几种：

①Idle：闲置状态。当 new 一个 MediaPlayer 或者调用一个已存在的 MediaPlayer 的 reset( ) 后，将进入该状态，该状态表示 MediaPlayer 是闲置的，可以被使用的。

②End：结束状态。MediaPlayer 已经被释放，不可使用了，相关资源得到释放，在 Idle 和 End 这两个状态之间的就是 MediaPlayer 的生命周期了。

③Error：错误状态。初始化后，可为 MediaPlayer 设置一个 OnErrorListener 的回调，在后续的状态中，若存在错误将会调用此回调。

④Initialized：初始化状态。当在 Idle 状态下，调用 setDataSource( ) 后，MediaPlayer 将从 Idle 进入 Initialized 状态。若在初始化后设置了 OnErrorListener 回调的方法，并且初始化失败的话，将会触发回调，使 MediaPlayer 进入 Error 状态。

⑤Preparing：准备状态。当 MediaPlayer 处于 Initialized 或 Stopped 状态时，调用 prepareAsync( ) 后就可进入此状态。

⑥Prepared：准备完成状态。这个状态代表 MediaPlayer 已经准备就绪，可以进行音视频的播放了，在这个状态下，可以获得音视频的一些相关信息，如时长、视频尺寸等。

⑦Started：播放状态。调用 start( ) 后将进入该状态，表示音视频正在播放。

⑧Paused：暂停状态。调用 pause( ) 后将进入该状态，表示音视频暂停播放，可以调用 start( ) 回到 Started 状态，调用 stop( ) 进入 Stopped 状态。

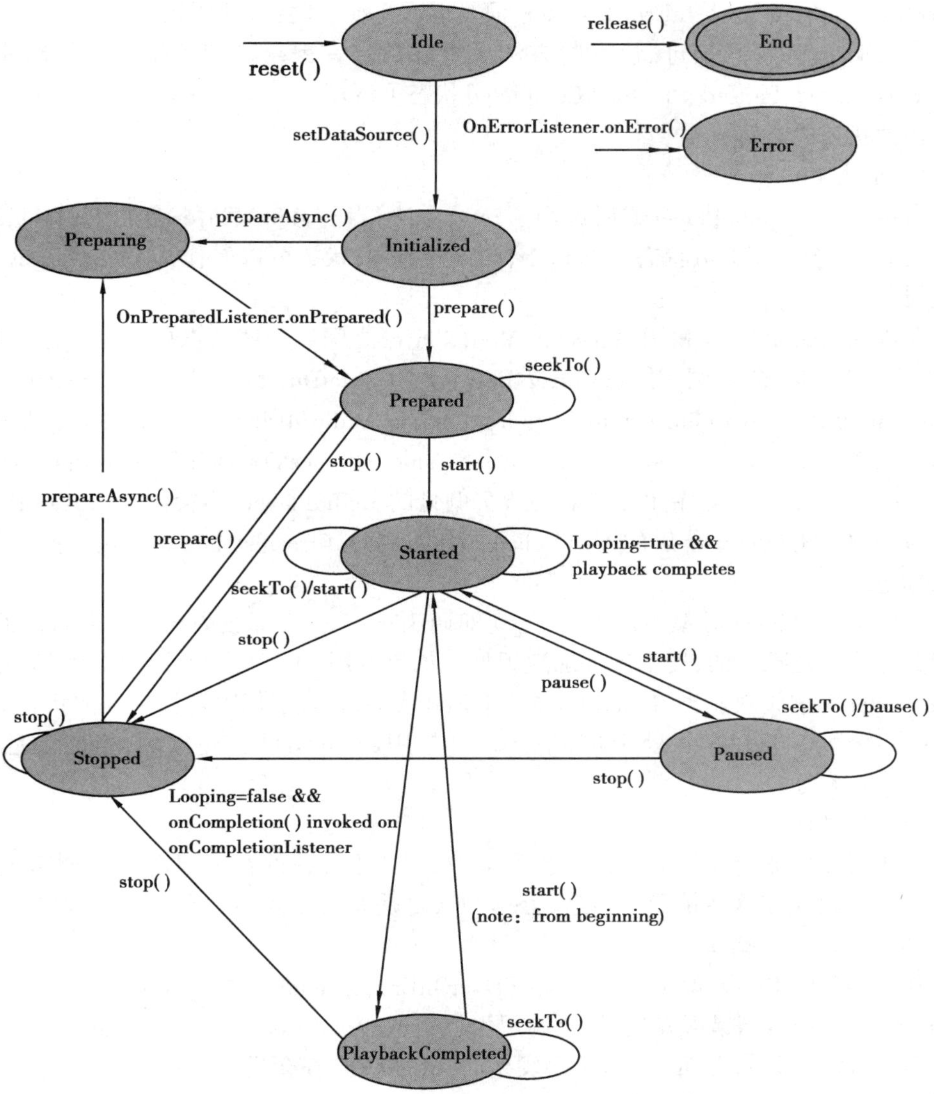

图2-4 MediaPlayer状态图

⑨Stopped：停止状态。调用stop( )后进入该状态，表示停止播放，无法回到Started状态，只能调用prepareAsync( )或prepare( )进入Prepared状态。

⑩PlayBackCompleted：播放完毕状态。音视频播放结束的状态，调用start( )将会重新播放，调用stop( )进入Stopped状态。

⑪OnErrorListener：错误回调。播放中发生错误（播放源错误，非法状态下调用方法等）将会回调onError( )，有返回值，返回true代表处理，返回false，或者不设置OnErrorListener，将会触发OnCompletionListener的回调。

⑫OnPreparedListener：准备回调。当音视频装备完成后将会回调其方法，可在这里进行一些音视频信息的获取或开启播放。

⑬ OnCompletionListener：播放完毕回调。当音视频播放完成，或者不设置

OnErrorListener，或设置OnErrorListener，但是返回false，都会得到回调。

⑭seekTo：音视频快进、快退的方法。可以指定音视频跳转到指定位置播放，可在Prepared、Started、Paused、PlayBackCompleted状态下调用。

各种状态的详解：

1）Idle与End状态

当new一个MediaPlayer或者调用了reset方法，当前MediaPlayer会处于Idle状态。调用release后，会处于End状态。在这2个状态之间的状态可以看作是MediaPlayer对象的生命周期。

在创建MediaPlayer和调用reset的MediaPlayer之间有一些细微的差别。这两种情况都处于Idle状态，调用getCurrentPosition（）、getDuration（）、getVideoHeight（）、getVideoWidth（）、setAudioAttributes（android.media.AudioAttributes）、setLooping（boolean）、setVolume（float，float）、pause（）、start（）、stop（）、seekTo（long，int）、prepare（）或prepareAsync（）都会抛出错误，如果是新实例化的MediaPlayer，不会回调OnErrorListener.onError（）；但如果是reset后的MediaPlayer，会回调OnErrorListener.onError（）并且转换到Error状态。

如果MediaPlayer对象不再使用了，立即调用release（），释放内部播放器占用的资源。这些资源可能是唯一的，比如硬件加速组件。如果调用release失败，可能会引起一连串的MediaPlayer实例失效。当MediaPlayer处于End状态，它就不能再转移到其他状态了。

new一个MediaPlayer，处于Idle状态。如果用create方法创建实例，当创建完成时处于Prepared状态。

2）发生错误

一些情形可能会让MediaPlayer操作失败，比如不支持的音视频格式、分辨率过高、网络超时等。因此在这些情形下，错误处理和恢复是非常重要的。有时候编程错误也会导致MediaPlayer操作错误。

开发者可以设置错误监听器setOnErrorListener（android.media.MediaPlayer.OnErrorListener）。当错误发生时，会调用用户实现的OnErrorListener.onError（）。

不管有没有设置监听器，当错误发生时，MediaPlayer会进入Error状态。为了重复使用同一个MediaPlayer对象，可以使用reset（）把它从Error状态恢复到Idle状态。设置错误监听器OnErrorListener是一个好的编程习惯，开发者可以监听到播放引擎的错误通知。

3）初始化状态

setDataSource可以将MediaPlayer的状态从Idle转到Initialized状态。如果在Idle状态之外的状态调用了setDataSource（），就会抛出IllegalStateException异常。开发者应该留意setDataSource方法抛出的IllegalArgumentException和IOException异常。

4）播放音频前必须在Prepared状态

MediaPlayer在开始播放音频前必须处于Prepared状态。MediaPlayer有同步和异步两种方式来进入Prepared状态。

如果是异步的方式，会先转到Preparing状态，再转到Prepared状态。当准备完成时，内部的播放引擎会回调用户之前设置的OnPreparedListener的onPrepared（）方法。

开发者须注意的是，Preparing状态是一个过渡状态（transient state）。处于Prepared状态时,可以通过相对应的方法设置音量、屏幕常亮、播放循环等。

5)开始播放

播放音频必须调用 start()。调用 start()返回成功后,MediaPlayer 处于 Started 状态。可以通过 isPlaying()来判断当前是否在 Started 状态。如果开发者设置了 OnBufferingUpdateListener,Android 内部播放器会向外传递 buffer 信息。如果当前处于 Started 状态,再调用 start()就会没有效果。

6)暂停播放与继续播放

音频可以被暂停播放和继续播放,也可以调整播放的位置。通过 pause()来暂停音频播放,成功调用 pause()后,MediaPlayer 进入 Paused 状态。

应当注意的是,MediaPlayer 在 Started 状态与 Paused 状态之间切换是异步的。播放音频流的时候,这个转换过程可能会需要几秒钟。MediaPlayer 暂停时,start()可以从暂停的位置继续播放。成功调用 start 方法后会进入 Started 状态。处于 Paused 状态时,调用 pause()没有效果。

7)停止

调用 stop()会让 MediaPlayer 从 Started、Paused、Prepared 或 PlaybackCompleted 状态进入 Stopped 状态。在 Stopped 状态时,必须先调用 prepare()或 prepareAsync()进入 Prepared 状态后,才能播放音频。处于 Stopped 状态时,调用 stop()没有效果。

8)调整播放位置

调用 seekTo(long, int)来调整播放位置。seekTo(long, int)是一个异步方法,虽然它能立刻返回,但实际的位置调整可能会消耗一段时间,特别是在播放音频流的时候。当实际播放位置调整后,内部播放器会回调开发者设置的 OnSeekComplete.onSeekComplete()。

在 Prepared、Paused 和 PlaybackCompleted 状态中,都可以调用 seekTo 方法。可以通过 getCurrentPosition()来获取当前播放位置。开发者可以得知当前播放的进度等。

9)播放完毕

音频播放完成后,播放完毕。如果调用 setLooping(boolean)为 true,MediaPlayer 会停留在 Started 状态。如果 setLooping 为 false,内部播放器会调用开发者设置的 OnCompletion.onCompletion(),并且进入 PlaybackCompleted 状态。处于 PlaybackCompleted 状态时,调用 start()就可以从头开始播放音频。

(5)常用监听器

开发者可以设置一些监听器,监听 MediaPlayer 的状态、错误事件等。开发者应在同一个线程中创建 MediaPlayer 和设置的监听器。

setOnPreparedListener(android.media.MediaPlayer.OnPreparedListener)

监听 MediaPlayer 准备完成。一般与 prepareAsync 配合使用。

setOnVideoSizeChangedListener(android.media.MediaPlayer.OnVideoSizeChangedListener)

获知 video 大小或 video 大小改变时的监听。

setOnSeekCompleteListener(android.media.MediaPlayer.OnSeekCompleteListener)

监听调整位置完成。

setOnCompletionListener(android.media.MediaPlayer.OnCompletionListener)

播放完成。

任务实施

步骤1：新建应用

创建新的 Module，名称为"MDAudio"。关于创建 Module 具体细节，请参见 1.2 节中的"任务实施"下的"步骤1：新建应用"所述内容。

步骤2：导入图片文件

准备1张图片命名为 bg.png，作为音乐播放器的背景图片，如图2-5所示。

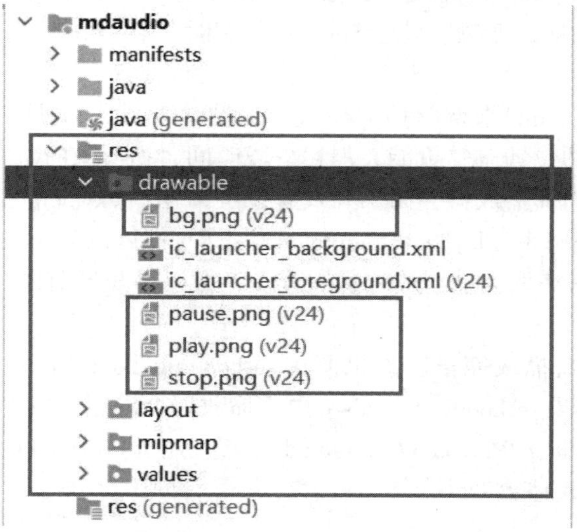

图2-5 音乐播放器背景图片bg.png

再准备3张小图片作为播放器按钮的背景图片，如图2-6所示。

图2-6 音乐播放器按钮图片

步骤3：上传音频文件到 Android 模拟器中

确保 Android 模拟器已启动，然后单击开发界面右侧的"Device File Explorer"按钮，打开"Device File Explorer"窗口，将准备好的 MP3 文件复制到"sdcard"目录，如图2-7所示。

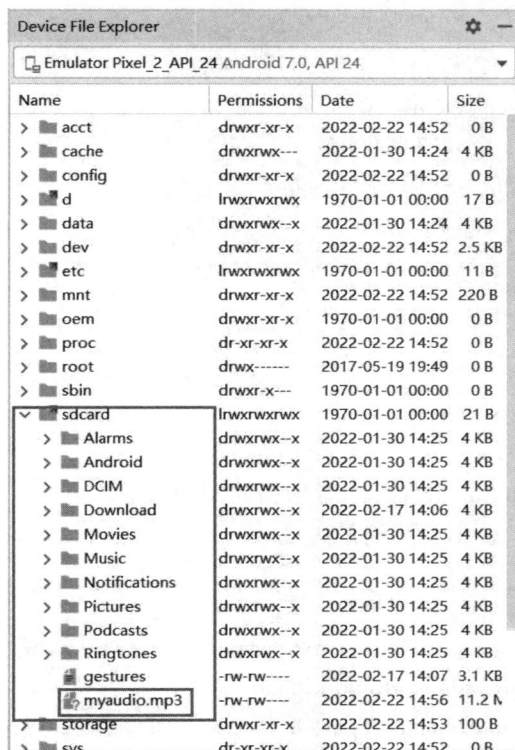

图2-7　导入音频文件

步骤4：添加dimens.xml文件

在"res\values"目录下，新建配置文件dimens.xml。

```
<resources>
    <dimen name="activity_horizontal_margin">16dp</dimen>
    <dimen name="activity_vertical_margin">16dp</dimen>
    <dimen name="margin">100dp</dimen>
    <dimen name="margin_bottom">50dp</dimen>
    <dimen name="margin_bottom_seek">20dp</dimen>
</resources>
```

步骤5：配置colors.xml文件

编辑"res\values"目录下colors.xml文件，添加"btn_Background"属性。

```
<resources>
    <color name="purple_200">#FFBB86FC</color>
    <color name="purple_500">#FF6200EE</color>
```

```xml
        <color name="purple_700">#FF3700B3</color>
        <color name="teal_200">#FF03DAC5</color>
        <color name="teal_700">#FF018786</color>
        <color name="black">#FF000000</color>
        <color name="white">#FFFFFFFF</color>
        <color name="btn_Background">#0000</color>
</resources>
```

步骤6:配置activity_main.xml文件

①修改布局为RelativeLayout。
②添加背景图片。
③添加两个ImageButton组件作为音乐播放器的按钮。
④添加进度条组件,显示音频播放进度。

```xml
<?xml version="1.0" encoding="utf-8"?>
<RelativeLayout xmlns:android="http://schemas.android.com/apk/res/android"
    xmlns:tools="http://schemas.android.com/tools"
    android:layout_width="match_parent"
    android:layout_height="match_parent"
    android:background="@drawable/bg"
    tools:context=".MainActivity">
    <!--播放与暂停按钮-->
    <ImageButton
        android:id="@+id/btn_play"
        android:layout_width="wrap_content"
        android:layout_height="wrap_content"
        android:layout_alignParentBottom="true"
        android:layout_marginBottom="@dimen/margin_bottom"
        android:layout_marginLeft="@dimen/margin"
        android:background="@color/btn_Background"
        android:src="@drawable/play" />
    <!--停止按钮-->
    <ImageButton
        android:id="@+id/btn_stop"
        android:layout_width="wrap_content"
        android:layout_height="wrap_content"
        android:layout_alignParentBottom="true"
        android:layout_alignParentRight="true"
```

```
            android:layout_marginBottom="@dimen/margin_bottom"
            android:layout_marginRight="@dimen/margin"
            android:background="@color/btn_Background"
            android:src="@drawable/stop" />
    <!--进度条-->
    <SeekBar
            android:id="@+id/seekBar"
            android:layout_width="match_parent"
            android:layout_height="wrap_content"
            android:layout_alignParentBottom="true"
            android:layout_marginBottom="@dimen/margin_bottom_seek"/>
</RelativeLayout>
```

步骤7：编辑 MainActivity.java 文件

①定义属性。
②重写 onCreate 方法。
③重写 onDestroy 释放 MediaPlayer 所占用的资源。
④定义私有方法 loadAudio，加载音频文件。
⑤定义私有方法 initComponent，初始化组件。
⑥定义私有方法 setSeekBar，控制进度条。

```
import androidx.appcompat.app.AppCompatActivity;
import android.media.MediaPlayer;
import android.net.Uri;
import android.os.Bundle;
import android.view.View;
import android.widget.ImageButton;
import android.widget.SeekBar;
import android.widget.Toast;
import java.io.File;
import java.util.Timer;
import java.util.TimerTask;
public class MainActivity extends AppCompatActivity {
    private MediaPlayer player;        //定义 MediaPlayer 对象
    private boolean isPause = false;    //定义是否暂停
    private File file;                //定义要播放的音频文件
    private ImageButton btn_play;    //播放、暂停按钮
    private ImageButton btn_stop;    //停止按钮
```

```java
private SeekBar seek;          //定义进度条组件
private Timer timer;           //播放计时器对象
private TimerTask task;        //时间任务对象
@Override
protected void onCreate(Bundle savedInstanceState) {
    /也可以通过编码设置全屏显示
    //setTheme(R.style.Theme_AppCompat_NoActionBar);/
    super.onCreate(savedInstanceState);
    setContentView(R.layout.activity_main);
    loadAudio();//加载音频文件
    initComponent();//初始化组件
    //实现继续播放与暂停播放
    btn_play.setOnClickListener(new View.OnClickListener() {
        @Override
        public void onClick(View v) {
            if (player.isPlaying() && !isPause) {   //如果音频处于播放状态
                player.pause(); //暂停播放
                isPause = true; //设置为暂停状态
                //更换为播放图标
                ((ImageButton) v). setImageDrawable(getResources(). getDrawable
                 (R.drawable.play, null));
            } else {
                player.start(); //继续播放
                // 更换为暂停图标
                ((ImageButton) v). setImageDrawable(getResources(). getDrawable
                (R.drawable.pause, null));
                isPause = false; //设置为播放状态
                setSeekBar();//设置进度条
            }
        }
    });
    //单击停止按钮,实现停止播放音频
    btn_stop.setOnClickListener(new View.OnClickListener() {
        @Override
        public void onClick(View v) {
            seek.setProgress(0);//进度条恢复到起始位置
            player.stop(); //停止播放
            //更换为播放图标
            btn_play. setImageDrawable(getResources(). getDrawable(R. drawable.
```

```
                play, null));
            }
    });
    //为 MediaPlayer 添加完成事件监听器，实现当音频播放完毕后，重新开始播
    放音频
    player.setOnCompletionListener(new MediaPlayer.OnCompletionListener() {
        @Override
        public void onCompletion(MediaPlayer mp) {
            timer.cancel();
            task.cancel();
            try {
                player.reset();                      //重置 MediaPlayer 对象
                //重新设置要播放的音频
                player.setDataSource(file.getAbsolutePath());
                player.prepare();                    //预加载音频
                player.start();                      //播放音频
            } catch (Exception e) {
                e.printStackTrace(); //输出异常信息
            }
            //更换为播放图标
            btn_play. setImageDrawable(getResources(). getDrawable(R. drawable.
            pause, null));
            seek.setProgress(0);
        }
    });
    seek.setOnSeekBarChangeListener(new SeekBar.OnSeekBarChangeListener() {
        //拖动停止时调用
        @Override
        public void onProgressChanged(SeekBar seekBar, int i, boolean b) {
            player.seekTo(seek.getProgress());
        }
        //开始拖动时调用
        @Override
        public void onStartTrackingTouch(SeekBar seekBar) {
        }
        //进度改变时调用
        @Override
        public void onStopTrackingTouch(SeekBar seekBar) {
        }
```

```
        });
    }
    //当前 Activity 销毁时,停止正在播放的音频,并释放 MediaPlayer 所占用的资源
    @Override
    protected void onDestroy() {
        if (player.isPlaying()) { //如果音频处于播放状态
            player.stop(); //停止音频的播放
        }
        player.release(); //释放资源
        super.onDestroy();
    }
    //加载音频文件
    private void loadAudio() {
        file = new File("/sdcard/myaudio.mp3"); //定义要播放的音频文件
        //如果音频文件存在就创建一个装载该文件的 MediaPlayer 对象,不存在将
        做出提示
        if (file.exists()) {
            //创建 MediaPlayer 对象,并解析要播放的音频文件
            //音频文件在 SD 卡中
            player = MediaPlayer.create(this, Uri.parse(file.getAbsolutePath()));
            // player=MediaPlayer.create(this,R.raw.music); //音频文件在项目目录中
        } else {
            //提示音频文件不存在
            Toast.makeText(MainActivity.this, "要播放的音频文件不存在!", Toast.
            LENGTH_SHORT).show();
            return;
        }
    }
    //初始化组件
    private void initComponent() {
        btn_play = (ImageButton) findViewById(R.id.btn_play); //获取播放、暂停按钮
        btn_stop = (ImageButton) findViewById(R.id.btn_stop); //获取停止按钮
        seek = findViewById(R.id.seekBar);//Seekbar: 进度条组件
        setSeekBar();
    }
    //控制进度条
    private void setSeekBar() {
        //更新进度条
        int duration = player.getDuration();
```

```
        task = new TimerTask() {
            @Override
            public void run() {
                //每隔 1 秒获取一次当前进度
                int currentPositionon = player.getCurrentPosition();
                seek.setMax(duration);
                seek.setProgress(currentPositionon);
            }
        };
        //100 毫秒后,每隔 1 秒,执行一次 run 方法
        timer = new Timer();
        timer.schedule(task, 100, 1000);
    }
}
```

步骤8:编辑 AndroidManifest.xml 文件

编辑"manifests"目录下的 AndroidManifest.xml 文件,如图 2-8 所示。

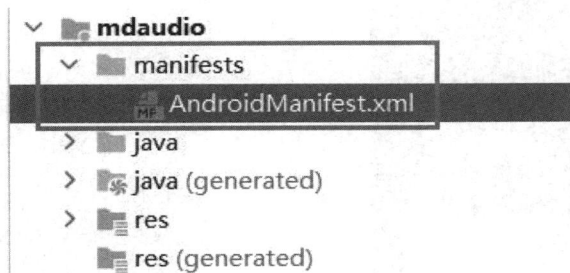

图2-8　编辑AndroidManifest.xml文件

①修改主题 android:theme="@style/Theme.AppCompat.NoActionBar"。
②添加 SD 卡访问权限<uses-permission>。

```
<?xml version="1.0" encoding="utf-8"?>
<manifest xmlns:android="http://schemas.android.com/apk/res/android"
    package="com.dr.mdaudio">
    <application
        android:allowBackup="true"
        android:icon="@mipmap/ic_launcher"
        android:label="@string/app_name"
        android:roundIcon="@mipmap/ic_launcher_round"
        android:supportsRtl="true"
```

```
              android:theme="@style/Theme.AppCompat.NoActionBar">
    <activity
              android:name=".MainActivity"
              android:exported="true">
              <intent-filter>
                  <action android:name="android.intent.action.MAIN" />
                  <category android:name="android.intent.category.LAUNCHER" />
              </intent-filter>
    </activity>
    </application>
<uses-permission android:name="android.permission.READ_EXTERNAL_STORAGE" />
</manifest>
```

步骤9：Android模拟器权限配置

首次启动项目时，可能会因为应用权限的问题而得到错误提示，这就需要开启访问存储设备的权限，如图2-9所示。

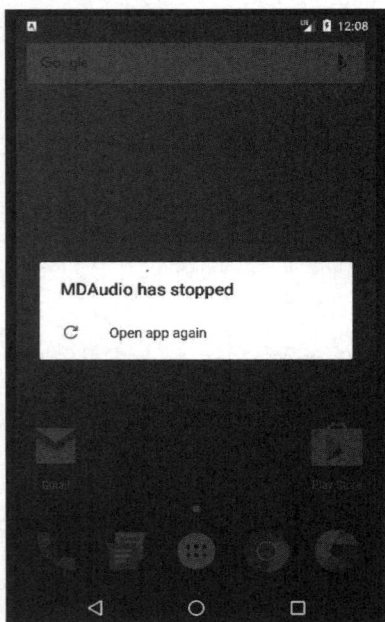

图2-9　因为应用权限的问题而得到错误提示　　图2-10　单击手机屏幕下方的Home键

首先启动Android模拟器后，单击手机屏幕下方的Home键（中间的"〇"按钮），回到手机桌面主屏，如图2-10所示。

单击底部导航中间的按钮，查看所有小应用程序，如图2-11所示。

图2-11 单击底部导航中间的按钮

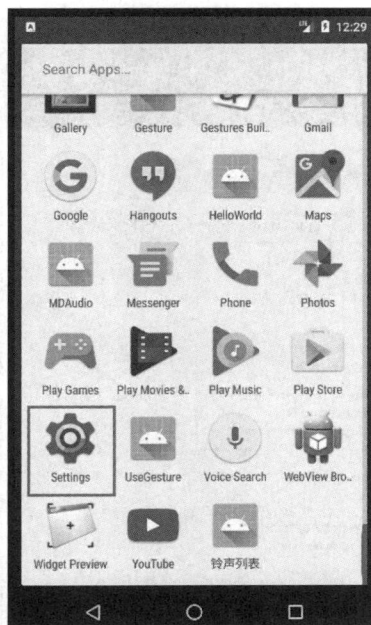

图2-12 单击"settings"

查看所有小应用程序,单击"Settings",启动设置,如图2-12所示。

将列表向下滑动,单击"Apps"打开应用列表,如图2-13所示。

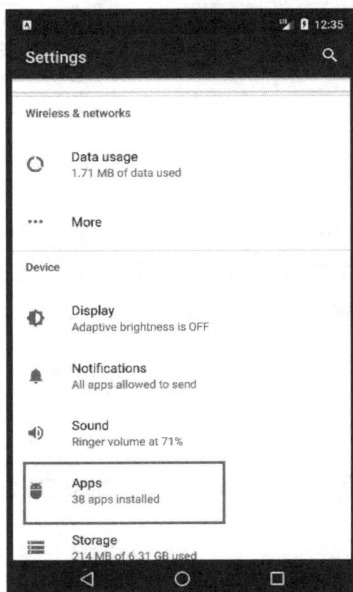

图2-13 Apps列表项

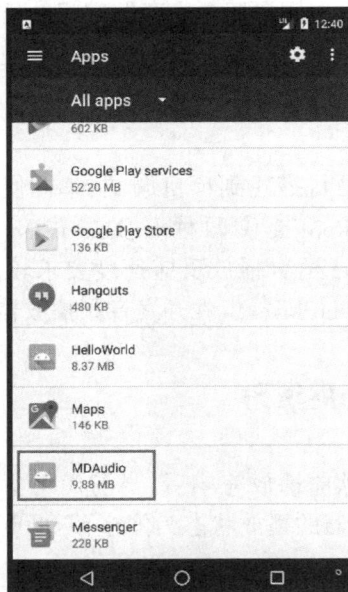

图2-14 音频播放的应用MDAudio

在All apps列表中,将列表向下滑动,找到音频播放的应用"MDAudio",如图2-14所示。

在App info列表中，单击"Permissions"列表项，设置应用权限，如图2-15所示。

图2-15　设置应用权限　　　　　　　　　图2-16　开启权限

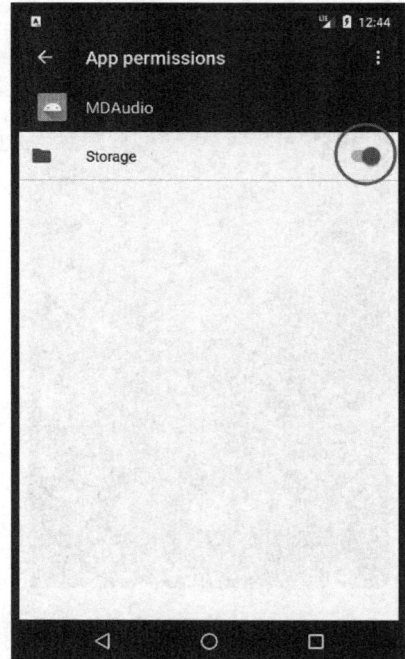

单击右侧滑钮开启存储空间的访问权限，然后重新启动应用即可，如图2-16所示。

2.3　项目小结

从项目搭建到项目调试，掌握使用SoundPool及MediaPlayer组件实现音频播放的编程，Android提供两种开发方式，一种是通过SoundPool，另一种是通过MediaPlayer。SoundPool适合播放反应速度要求较高的声效。了解MediaPlayer组件的基本概念，掌握使用MediaPlayer组件开发音频播放器，并提供播放、暂停、停止等功能。

2.4　拓展练习

当歌曲播放完毕后，当前代码功能的设定是重新播放。修改代码，当歌曲播放完毕后，播放器的播放状态为停止，不再重播。（△）

项目3
智能网联车载多媒体视频播放项目实现 ··················◯

项目背景

随着汽车工业的发展,汽车已经走入家庭,深入人们的日常生活当中。人们发现,在车上的时间越来越多、越来越长。而在车上花费的时间通常分为两种情况,一个是开车驾驶的时间,一个是停车等候的时间。在车内等候时,除了能听到喜欢的音乐之外,如果还能看到有趣的视频节目,无疑会让长时间的等候变得不再无聊与枯燥,甚至还会感到一些轻松和愉快。

所支撑的职业技能

通过本项目的学习,能够掌握通过 VideoView 组件、MediaPlayer 与 SurfaceView 组件等多种方式实现视频播放。

重点与难点

◇重点

- 了解 MediaController 和 VideoView 组件的基本概念。
- 掌握使用 MediaController 和 VideoView 方式实现视频文件播放。
- 了解 MediaPlayer 和 SurfaceView 组件的基本概念。
- 掌握使用 MediaPlayer 和 SurfaceView 方式实现视频文件播放。

◇难点

- 事件监听。
- 控制播放状态。

3.1 使用VideoView组件实现视频播放

任务描述

Android 提供了常见的视频编码和解码机制,使用 Android 自带的 MediaPlayer,MediaController 等类可以很方便地实现视频播放的功能。支持的视频格式有 MP4 和 3GP 等。这些多媒体数据可以来自 Android 应用的资源文件,也可以来自外部存储器上的文件,甚至可以是来自网络上的文件流。其中,MediaController+VideoView 是最简单的实现方式。

通过本任务的学习,能够掌握使用 MediaController+VideoView 的方式,实现视频播放的功能。

任务要求

①了解 MediaController 和 VideoView 组件的基本概念;

②掌握使用 MediaController 和 VideoView 方式实现视频文件播放。

相关知识

3.1.1 MediaController概述

MediaController 是一个包含媒体播放器(MediaPlayer)控件的视图。包含了一些典型的按钮,像播放(Play)/暂停(Pause)、倒带(Rewind)、快进(Fast Forward)与进度滑动器(Progress Slider)。它管理媒体播放器(MediaController)的状态以保持控件的同步。

通过编程来实例化使用这个类。这个媒体控制器将创建一个具有默认设置的控件,并把它们放到一个窗口里且漂浮在应用程序上。具体来说,这些控件会漂浮在通过 setAnchorView()指定的视图上。如果这个窗口空闲3秒那么它将消失,直到用户触摸这个视图时才会重现。

当媒体控制器是在一个XML布局资源文件中创建的时候,像show()和 hide()这些函数是无效的。媒体播放器将会根据这些规则去显示和隐藏。

①在调用 setPrevNextListeners()之前,"previous"和"next"按钮都是隐藏的。

②如果 setPrevNextListeners()被调用但传入的监听器参数是 null,那么"previous"和"next"按钮是可见的但是处于禁用状态。

③"rewind"和"fastforward"按钮是显示的,如果不需要,可以使用构造函数 MediaController(Context, boolean)将boolean 设置为false。

MediaController 的一些常用方法:

①public boolean dispatchKeyEvent(KeyEvent event) //在焦点路径上分发按钮事件到下一个视图。该路径从视图树的顶端遍历到当前获得焦点的视图。如果当前视图已获得

焦点,就分发给自身。否则,就分发到下一个节点的焦点路径上。这个方法也可以激发任何一个按键消息监听器。

- 参数:event 被分发的事件;
- 返回值:如果这个事件被处理了返回 true,否则返回 false。

②public void hide() //从屏幕中移除控制器。

③public boolean isShowing() //判断媒体控制器是否处于可见状态。

④public void onFinishInflate() //XML 文件加载视图完成时调用。这个函数在加载的最后阶段被调用,所有的子视图已经被添加。即使子类重写了 onFinishInflate 方法,也应该始终确保调用父类方法,以便调用。

⑤public boolean onTouchEvent(MotionEvent event) //实现这个方法来处理触摸屏幕引发的事件。

- 参数:event 动作事件;
- 返回值:如果这个事件被处理了返回 true,否则返回 false。

⑥public boolean onTrackballEvent(MotionEvent ev) //实现这个方法以处理轨迹球的动作事件,轨迹球相对运动的最后一个事件能用 MotionEvent.getX() 和 MotionEvent.getY() 来获取。这些都是标准化的,1 表示用户按下一个 DPAD 按键。因此经常使用小数值表示,为轨迹球提供更多的细微运动信息。

其中 DPAD 按键事件:KeyEvent. KEYCODE_DPAD_CENTER(居中)、KeyEvent. KEYCODE_DPAD_DOWN(向下)、KeyEvent.KEYCODE_DPAD_LEFT(向左)、KeyEvent. KEYCODE_DPAD_RIGHT(向右)、KeyEvent.KEYCODE_DPAD_UP(向上)作比较。分别表示居中、下移、左移、右移、上移的操作。

- 参数:ev 动作事件;
- 返回值:如果这个事件被处理了返回 true,否则返回 false。

⑦public void setAnchorView(View view) //设置这个控制器绑定(anchor/锚)到一个视图上。例如可以是一个 VideoView 对象,或者是 activity 的主视图。

- 参数:view 将视图来绑定控制器时可见。

⑧public void setEnabled(boolean enabled) //设置视图对象的有效状态。这也可以改变子类的有效状态。

- 参数:enabled 如果要让这个视图对象可用就设置为 true,否则设置为 false。

⑨public void setMediaPlayer(MediaController.MediaPlayerControl player) //把这个媒体控制器设置到 VideoView 对象上。

⑩public void setPrevNextListeners(View.OnClickListener next, View.OnClickListener prev) //设置上一个视频、下一个视频的切换事件。

⑪public void show(int timeout) //在屏幕上显示这个控制器。它将在闲置"超时(timeout)"毫秒到达后自动消失。

- 参数:timeout 这个参数以毫秒为单位。如果设置为"0",将一直显示到调用 hide() 的函数为止。

⑫public void show() //在屏幕上显示这个控制器。它将在 3 秒以后自动消失。

实现方式的步骤:

①加载指定的视频文件。

②建立VideoView和MediaController之间的关联,这样就不需要自己去控制视频的播放、暂停等,让MediaController控制即可。

③VideoView获取焦点。

3.1.2 VideoView概述

在Android上播放音频视频文件,一般都是使用VideoView实现。VideoView继承了SurfaceView,同时也实现了MediaPlayerControl接口,MediaController则是安卓封装的辅助控制器,带有暂停、播放、停止,进度条等控件。通过VideoView和MediaController可以很轻松地实现视频播放、停止、快进、快退等功能。

VideoView的常用方法见表3-1。

表3-1 VideoView的常用方法

方法名	功能描述
setVideoPath( )	设置要播放的视频文件的位置
start( )	开始或继续播放视频
pause( )	暂停播放视频
resume( )	将视频从头开始播放
seekTo( )	从指定的位置开始播放视频
isPalying( )	判断当前是否正在播放视频
getDuration( )	获取载入的视频文件的时长

基本使用:

```
VideoView mVv = (VideoView) findViewById(R.id.vv);
//添加播放控制条,还是自定义好点
mVv.setMediaController(new MediaController(this));
//设置视频源播放 res/raw 中的文件,文件名小写字母,格式: 3gp,mp4 等,flv 的不一定支持;
Uri rawUri = Uri. parse("android. resource://" + getPackageName() + "/" + R. raw. shuai_dan_ge);
mVv.setVideoURI(rawUri);
// 播放在线视频
mVideoUri = Uri.parse("http://****/abc.mp4");
mVv.setVideoPath(mVideoUri.toString());
mVv.start();
mVv.requestFocus();
/*
```

其他方法：

```
mVv.pause();
mVv.stop();
mVv.resume();
mVv.setOnPreparedListener(this);
mVv.setOnErrorListener(this);
mVv.setOnCompletionListener(this);
```

Error 信息处理：

经常会碰到视频编码格式不支持的情况，这里还是处理一下，若不想弹出提示框就返回 true;

```
http://developer.android.com/intl/zh-cn/reference/android/media/MediaPlayer.
OnErrorListener.html
@Override
public boolean onError(MediaPlayer mp, int what, int extra) {
if(what==MediaPlayer.MEDIA_ERROR_SERVER_DIED){
Log.v(TAG,"Media Error,Server Died"+extra);
}else if(what==MediaPlayer.MEDIA_ERROR_UNKNOWN){
Log.v(TAG,"Media Error,Error Unknown "+extra);
}
return true;
}
*/
```

（1）全屏播放 - 横竖屏切换

①androidmanifest.xml 中依然还是定义竖屏，并定义一个切换横纵屏按钮 btnChange：

```
<activity
    android:name="lynxz.org.video.VideoActivity"
    android:configChanges="keyboard|orientation|screenSize"
    android:screenOrientation="portrait"
    android:theme="@style/Theme.AppCompat.Light.NoActionBar"/>
```

②布局：需要在 VidioView 外层套一个容器。比如：

```
<RelativeLayout
        android:id="@+id/rl_vv"
        android:layout_width="match_parent"
        android:layout_height="200dp"
        android:background="@android:color/black"
```

```
        android:minHeight="200dp"
        android:visibility="visible">
        <VideoView
            android:id="@+id/vv"
            android:layout_width="match_parent"
            android:layout_height="wrap_content"
            android:layout_centerInParent="true"/>
</RelativeLayout>
```

③按钮监听，手动切换：

```
btnSwitch.setOnClickListener(View -> {
    if (getRequestedOrientation() == ActivityInfo.SCREEN_ORIENTATION_
    LANDSCAPE) {
        setRequestedOrientation(ActivityInfo.SCREEN_ORIENTATION_PORTRAIT);
    } else {
        setRequestedOrientation(ActivityInfo.SCREEN_ORIENTATION_LANDSCAPE);
    }
});
```

④设置 VideoView 布局尺寸：

```
@Override
public void onConfigurationChanged(Configuration newConfig) {
    super.onConfigurationChanged(newConfig);
    if (mVv == null) {
        return;
    }
    if (this.getResources().getConfiguration().orientation == Configuration.
    ORIENTATION_LANDSCAPE){//横屏
        getWindow(). setFlags(WindowManager. LayoutParams. FLAG_FULLSCREEN,
        WindowManager.LayoutParams.FLAG_FULLSCREEN);
        getWindow().getDecorView().invalidate();
        float height = DensityUtil.getWidthInPx(this);
        float width = DensityUtil.getHeightInPx(this);
        mRlVv.getLayoutParams().height = (int) width;
        mRlVv.getLayoutParams().width = (int) height;
    } else {
        final WindowManager.LayoutParams attrs = getWindow().getAttributes();
```

```
attrs.flags &= (~WindowManager.LayoutParams.FLAG_FULLSCREEN);
getWindow().setAttributes(attrs);
getWindow(). clearFlags(WindowManager. LayoutParams. FLAG_LAYOUT_NO_
LIMITS);
float width = DensityUtil.getWidthInPx(this);
float height = DensityUtil.dip2px(this, 200.f);
mRlVv.getLayoutParams().height = (int) height;
mRlVv.getLayoutParams().width = (int) width;
    }
}
```

⑤自定义工具类：

```
//DensityUtil.java
public static final float getHeightInPx(Context context) {
    final float height = context.getResources().getDisplayMetrics().heightPixels;
    return height;
}
public static final float getWidthInPx(Context context) {
    final float width = context.getResources().getDisplayMetrics().widthPixels;
    return width;
}
```

（2）滑动改变屏幕亮度/音量

①权限申请：

```
<uses-permission android:name="android.permission.WRITE_SETTINGS"/>
<uses-permission android:name="android.permission.VIBRATE"/> //按需申请
```

②修改亮度方法：

```
/*设置当前屏幕亮度值 0--255,并使之生效*/
private void setScreenBrightness(float value) {
    WindowManager.LayoutParams lp = getWindow().getAttributes();
    lp.screenBrightness = lp.screenBrightness + value / 255.0f;
    Vibrator vibrator;
    if (lp.screenBrightness > 1) {
        lp.screenBrightness = 1;
        //          vibrator = (Vibrator) getSystemService(VIBRATOR_SERVICE);
```

```
//          long[] pattern = {10, 200}; // OFF/ON/OFF/ON...
//          vibrator.vibrate(pattern, −1);
} else if (lp.screenBrightness < 0.2) {
    lp.screenBrightness = (float) 0.2;
//          vibrator = (Vibrator) getSystemService(VIBRATOR_SERVICE);
//          long[] pattern = {10, 200}; // OFF/ON/OFF/ON...
//          vibrator.vibrate(pattern, −1);
}
getWindow().setAttributes(lp);
// 保存设置的屏幕亮度值
// Settings.System.putInt(getContentResolver(), Settings.System.
SCREEN_BRIGHTNESS, (int) value);
}
```

③设置屏幕亮度模式方法（自动/手动）：

```
// value 可取值: Settings.System.SCREEN_BRIGHTNESS_MODE_AUTOMATIC / SCREEN_
BRIGHTNESS_MODE_MANUAL
private void setScreenMode(int value) {
    Settings.System.putInt(getContentResolver(), Settings.System.
    SCREEN_BRIGHTNESS_MODE, value);
}
```

④监听播放区域：

```
mGestureDetector = new GestureDetector(this, mGestureListener);
vv.setOnTouchListener(this);
@Override
public boolean onTouch(View v, MotionEvent event) {
    return mGestureDetector.onTouchEvent(event);
}
```

⑤onScroll 的时候动态改变亮度：onDown（ ）/ onScroll（ ）返回 true。

```
private android.view.GestureDetector.OnGestureListener mGestureListener = new
GestureDetector.OnGestureListener() {
    @Override
    public boolean onDown(MotionEvent e) {
```

```
        return true;
    }
    @Override
    public void onShowPress(MotionEvent e) {
    }
    @Override
    public boolean onSingleTapUp(MotionEvent e) {
        return false;
    }
    @Override
    public boolean onScroll(MotionEvent e1, MotionEvent e2, float distanceX,
    float distanceY) {
        final double FLING_MIN_VELOCITY = 0.5;
        final double FLING_MIN_DISTANCE = 0.5;
        if (e1.getY() − e2.getY() > FLING_MIN_DISTANCE
                && Math.abs(distanceY) > FLING_MIN_VELOCITY) {
            setScreenBrightness(20);
        }
        if (e1.getY() − e2.getY() < FLING_MIN_DISTANCE
                && Math.abs(distanceY) > FLING_MIN_VELOCITY) {
            setScreenBrightness(−20);
        }
        return true;
    }
    @Override
    public void onLongPress(MotionEvent e) {
    }
    @Override
    public boolean onFling(MotionEvent e1, MotionEvent e2, float velocityX,
    float velocityY) {
        return true;
    }
};
```

(3)滑动修改音量

①修改上方的 onScroll( ) 方法,调用以下操作。

```
private void setVoiceVolume(boolean volumeUp) {
//        int currentVolume = mAudioManager. getStreamVolume(AudioManager.
    STREAM_MUSIC);
//        int maxVolume = mAudioManager. getStreamMaxVolume(AudioManager.
    STREAM_MUSIC);
//        int flag = volumeUp ? 1 : –1;
//        currentVolume += flag * 1;
//        if (currentVolume >= maxVolume) {
//            currentVolume = maxVolume;
//        } else if (currentVolume <= 1) {
//            currentVolume = 1;
//        }
//        Log. i(TAG, "setVoiceVolume currentVolume = " + currentVolume + " ,
    maxVolume = " + maxVolume);
//        mAudioManager.     setStreamVolume(AudioManager.    STREAM_MUSIC,
    currentVolume, 0);
//降低音量，调出系统音量控制
if (volumeUp) {
    mAudioManager.adjustStreamVolume(AudioManager.STREAM_MUSIC,
    AudioManager.ADJUST_RAISE,
    AudioManager.FX_FOCUS_NAVIGATION_UP);
} else {//增加音量，调出系统音量控制
    mAudioManager. adjustStreamVolume(AudioManager. STREAM_MUSIC,
    AudioManager.ADJUST_LOWER,
    AudioManager.FX_FOCUS_NAVIGATION_UP);
    }
}
```

- 在页面关闭时可考虑恢复亮度/音量初始值。
- 在 onTouch 的时候对触点进行判断，区分是修改音量或是改变亮度。

②获取第一帧的内容作为封面。

```
@TargetApi(Build.VERSION_CODES.ICE_CREAM_SANDWICH)
private void createVideoThumbnail() {
    Observable<Bitmap> observable = Observable.create(new Observable.OnSubscribe
    <Bitmap>() {
        @Override
            public void call(Subscriber<? super Bitmap> subscriber) {
```

```
        Bitmap bitmap = null;
        MediaMetadataRetriever retriever = new MediaMetadataRetriever();
        int kind = MediaStore.Video.Thumbnails.MINI_KIND;
        if (Build.VERSION.SDK_INT >= 14) {
            retriever.setDataSource(mVideoUrl, new HashMap<String, String>());
        } else {
            retriever.setDataSource(mVideoUrl);
        }
        bitmap = retriever.getFrameAtTime();
        subscriber.onNext(bitmap);
        retriever.release();
    }
});
observable.observeOn(AndroidSchedulers.mainThread())
        .subscribeOn(Schedulers.io())
        .subscribe(new Action1<Bitmap>() {
            @Override
            public void call(Bitmap bitmap) {
                //设置封面
                mYourVideoPlayerContainer.setBackgroundDrawable(new
                BitmapDrawable(bitmap));
            }
        });
}
```

任务实施

步骤1:新建应用

创建新的 Module,名称为"ViewVideo"。关于创建 Module 具体细节,请参见1.2节中的"任务实施"下的"步骤1:新建应用"所述内容。

步骤2:上传视频文件到 Android 模拟器中

确保 Android 模拟器已启动,然后单击开发界面右侧的"Device File Explorer"按钮,打开"Device File Explorer"窗口,将准备好的视频文件复制到"sdcard"目录,如图3-1所示。

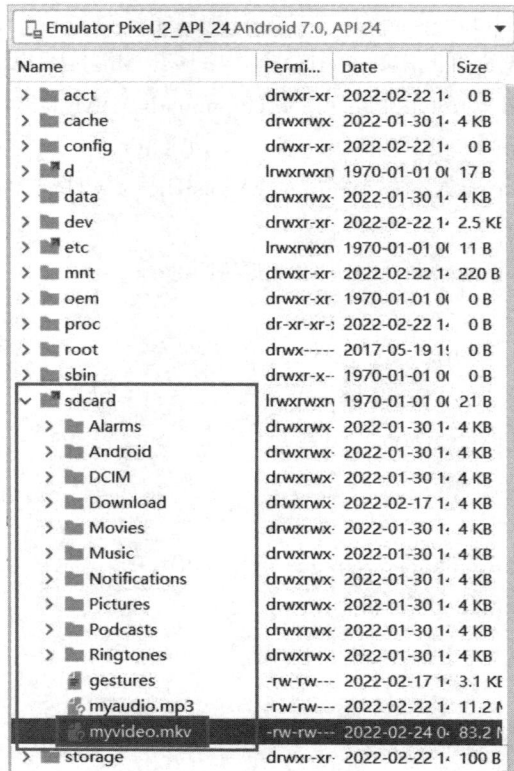

图3-1 导入视频文件

步骤3：配置activity_main.xml文件

①修改布局为RelativeLayout。
②添加VideoView组件播放视频文件。

```xml
<?xml version="1.0" encoding="utf-8"?>
<RelativeLayout xmlns:android="http://schemas.android.com/apk/res/android"
    xmlns:app="http://schemas.android.com/apk/res-auto"
    xmlns:tools="http://schemas.android.com/tools"
    android:layout_width="match_parent"
    android:layout_height="match_parent"
    tools:context=".MainActivity">
    <VideoView
        android:id="@+id/video"
        android:layout_width="match_parent"
        android:layout_height="match_parent" />
</RelativeLayout>
```

步骤4：编辑MainActivity.java文件，重写onCreate方法

```java
import androidx.appcompat.app.AppCompatActivity;
import android.media.MediaPlayer;
import android.os.Bundle;
import android.os.Environment;
import android.widget.MediaController;
import android.widget.Toast;
import android.widget.VideoView;
import java.io.File;
public class MainActivity extends AppCompatActivity {
    @Override
    protected void onCreate(Bundle savedInstanceState) {
        super.onCreate(savedInstanceState);
        setContentView(R.layout.activity_main);
        VideoView video = (VideoView) findViewById(R.id.video);//获取VideoView组件
        //指定模拟器SD卡上要播放的视频文件
        File file = new File(Environment.getExternalStorageDirectory() + "/myvideo.mkv");
        //创建android.widget.MediaController对象，控制视频的播放
        MediaController mc = new MediaController(MainActivity.this);
        //实现视频的播放功能
        if (file.exists()) {    //判断要播放的视频文件是否存在
            video.setVideoPath(file.getAbsolutePath()); //指定要播放的视频
            //设置VideoView与MediaController相关联
            video.setMediaController(mc);
            video.requestFocus();                //让VideoView获得焦点
            try {
                video.start();   //开始播放视频
            } catch (Exception e) {
                e.printStackTrace();   //输出异常信息
            }
            //为VideoView添加完成事件监听器，实现视频播放结束后的提示信息
            video.setOnCompletionListener(new MediaPlayer.OnCompletionListener() {
                @Override
                public void onCompletion(MediaPlayer mp) {
                    //弹出消息提示框显示播放完毕
                    Toast.makeText(MainActivity.this, "视频播放完毕！", Toast.
                    LENGTH_SHORT).show();
```

```
            }
        });
    } else {
    //弹出消息提示框提示文件不存在
    Toast.makeText(this, "要播放的视频文件不存在", Toast.LENGTH_SHORT).
    show();
    }
    }
}
```

步骤5：编辑AndroidManifest.xml文件

编辑"manifests"目录下的 AndroidManifest.xml 文件。

①修改主题 android：theme="@style/Theme.AppCompat.NoActionBar"。

②添加 SD 卡访问权限<uses-permission>。

```xml
<?xml version="1.0" encoding="utf-8"?>
<manifest xmlns:android="http://schemas.android.com/apk/res/android"
    package="com.dr.viewvideo">
    <application
        android:allowBackup="true"
        android:icon="@mipmap/ic_launcher"
        android:label="@string/app_name"
        android:roundIcon="@mipmap/ic_launcher_round"
        android:supportsRtl="true"
        android:theme="@style/Theme.AppCompat.NoActionBar">
        <activity
            android:name=".MainActivity"
            android:exported="true">
            <intent-filter>
                <action android:name="android.intent.action.MAIN" />
                <category android:name="android.intent.category.LAUNCHER"/>
                </intent-filter>
        </activity>
    </application>
    <uses-permission android:name="android.permission.READ_EXTERNAL_
    STORAGE" />
</manifest>
```

步骤 6：Android 模拟器权限配置

首次启动项目，可能会因为应用权限的问题而得到错误提示，这就需要开启访问存储设备的权限。配置方法请参见 2.2 节中的"任务实施"下的"步骤 9"中所述内容。

3.2　使用 MediaPlayer 与 SurfaceView 组件实现视频播放

任务描述

顾名思义 MediaPlayer 是用于媒体文件播放的组件。Android 中 MediaPlayer 通常与 SurfaceView 一起使用。

通过本任务的学习，能够掌握使用 MediaPlayer+SurfaceView 的方式，实现视频播放的功能。

任务要求

①了解 MediaPlayer 和 SurfaceView 组件的基本概念。
②掌握使用 MediaPlayer 和 SurfaceView 方式实现视频文件播放。

相关知识

3.2.1　SurfaceView 简述

Android 中提供了 View 进行绘图处理，View 可以满足大部分的绘图需求，但是有时候，View 却显得力不从心，所以 Android 提供了 SurfaceView 给 Android 开发者，以满足更多的绘图需求。

View 是通过刷新来重绘视图，系统通过发出 VSSYNC 信号来进行屏幕的重绘，刷新的时间间隔是 16 ms，如果可以在 16 ms 以内将绘制工作完成，则没有任何问题，如果绘制过程逻辑很复杂，并且界面更新还非常频繁，这时候就会造成界面的卡顿，影响用户体验，为此 Android 提供了 SurfaceView 来解决这一问题。

View 和 SurfaceView 的区别：
- View 适用于主动更新的情况，而 SurfaceView 则适用于被动更新的情况，比如频繁刷新界面。
- View 在主线程中对页面进行刷新，而 SurfaceView 则开启 1 个子线程来对页面进行刷新。
- View 在绘图时没有实现双缓冲机制，SurfaceView 在底层机制中就实现了双缓冲机制。

3.2.2　SurfaceView 使用方法

想使用SurfaceView需要经过创建、初始化、使用3个步骤。

（1）创建SurfaceView

需要自定义一个类继承自SurfaceView，并且实现两个接口以及接口定义的方法，当然，与自定义View类似，还要重写3个构造函数。

其中前面3个构造函数的写法和自定义View是相同的，接下来的3个方法分别在SurfaceView创建、改变、销毁的时候进行调用，并在最后的run()编写用户子线程中执行的绘图逻辑即可。

```java
public class SurfaceViewTemplate extends SurfaceView implements SurfaceHolder.Callback,
Runnable {
    public SurfaceViewTemplate(Context context) {
        this(context, null);
    }
    public SurfaceViewTemplate(Context context, AttributeSet attrs) {
        this(context, attrs, 0);
    }
    public SurfaceViewTemplate(Context context, AttributeSet attrs, int defStyleAttr) {
        super(context, attrs, defStyleAttr);
    }
    @Override
    public void surfaceCreated(SurfaceHolder holder) {
        //创建
    }
    @Override
    public void surfaceChanged(SurfaceHolder holder, int format, int width, int height) {
        //改变
    }
    @Override
    public void surfaceDestroyed(SurfaceHolder holder) {
        //销毁
    }
    @Override
    public void run() {
        //子线程
    }
}
```

（2）初始化 SurfaceView

这步主要是定义 3 个成员变量以备后面绘图时使用,然后初始化这 3 个成员变量,并注册对应的回调方法。

```java
private SurfaceHolder mSurfaceHolder;
//绘图的 Canvas
private Canvas mCanvas;
//子线程标志位
private boolean mIsDrawing;
/**
 * 初始化 View
 */
private void initView(){
    mSurfaceHolder = getHolder();
    //注册回调方法
    mSurfaceHolder.addCallback(this);
    //设置一些参数方便后面绘图
    setFocusable(true);
    setKeepScreenOn(true);
    setFocusableInTouchMode(true);
}
public SurfaceViewSinFun(Context context, AttributeSet attrs, int defStyleAttr) {
    super(context, attrs, defStyleAttr);
    //在 3 个参数的构造方法中完成初始化操作
    initView();
}
```

（3）使用 SurfaceView

这一步又可以分为 3 小步来完成:

①通过 lockCanvas( )方法获得 Canvas 对象。

②在子线程中使用 Canvas 对象进行绘制。

③使用 unlockCanvasAndPost( )方法将画布内容进行提交。

注意:通过 lockCanvas( ) 方法获得的 Canvas 对象仍然是上次绘制的对象,由于是不断进行绘制,但是每次得到的 Canvas 对象都是第一次创建的 Canvas 对象。

```java
public class SurfaceViewTemplate extends SurfaceView implements SurfaceHolder.Callback,
Runnable {
    private SurfaceHolder mSurfaceHolder;
```

```java
//绘图的 Canvas
private Canvas mCanvas;
//子线程标志位
private boolean mIsDrawing;
public SurfaceViewTemplate(Context context) {
    this(context, null);
}
public SurfaceViewTemplate(Context context, AttributeSet attrs) {
    this(context, attrs, 0);
}
public SurfaceViewTemplate(Context context, AttributeSet attrs, int defStyleAttr) {
    super(context, attrs, defStyleAttr);
    initView();
}
@Override
public void surfaceCreated(SurfaceHolder holder) {
    mIsDrawing = true;
    //开启子线程
    new Thread(this).start();
}
@Override
public void surfaceChanged(SurfaceHolder holder, int format, int width, int height) {
}
@Override
public void surfaceDestroyed(SurfaceHolder holder) {
    mIsDrawing = false;
}
@Override
public void run() {
    while (mIsDrawing){
    drawSomething();
    }
}
//绘图逻辑
private void drawSomething() {
    try {
        //获得 Canvas 对象
        mCanvas = mSurfaceHolder.lockCanvas();
        //绘制背景
```

```
            mCanvas.drawColor(Color.WHITE);
            //绘图
        }catch (Exception e){
        }finally {
            if (mCanvas != null){
                //释放 Canvas 对象并提交画布
                mSurfaceHolder.unlockCanvasAndPost(mCanvas);
            }
        }
    }
    /**
     * 初始化 View
     */
    private void initView(){
        mSurfaceHolder = getHolder();
        mSurfaceHolder.addCallback(this);
        setFocusable(true);
        setKeepScreenOn(true);
        setFocusableInTouchMode(true);
    }
}
```

（4）配置文件

在 xml 文件中的使用和自定义 View 是相同的，使用全路径名称即可。

```
<com.codekong.drawlearning.view.SurfaceViewTemplate
        android:layout_width="match_parent"
        android:layout_height="match_parent" />
```

（5）示例程序

1）绘制正弦曲线

整体编程思路与前面大体相同，区别只在于初始化画笔，和具体的绘图逻辑。

```
public class SurfaceViewSinFun extends SurfaceView implements SurfaceHolder.Callback,
Runnable {
    private SurfaceHolder mSurfaceHolder;
    //绘图的 Canvas
    private Canvas mCanvas;
```

```java
//子线程标志位
private boolean mIsDrawing;
private int x = 0, y = 0;
private Paint mPaint;
private Path mPath;
public SurfaceViewSinFun(Context context) {
    this(context, null);
}
public SurfaceViewSinFun(Context context, AttributeSet attrs) {
    this(context, attrs, 0);
}
public SurfaceViewSinFun(Context context, AttributeSet attrs, int defStyleAttr) {
    super(context, attrs, defStyleAttr);
    mPaint = new Paint();
    mPaint.setColor(Color.BLACK);
    mPaint.setStyle(Paint.Style.STROKE);
    mPaint.setAntiAlias(true);
    mPaint.setStrokeWidth(5);
    mPath = new Path();
    //路径起始点(0, 100)
    mPath.moveTo(0, 100);
    initView();
}
@Override
public void surfaceCreated(SurfaceHolder holder) {
    mIsDrawing = true;
    new Thread(this).start();
}
@Override
public void surfaceChanged(SurfaceHolder holder, int format, int width, int height) {
}
@Override
public void surfaceDestroyed(SurfaceHolder holder) {
    mIsDrawing = false;
}
@Override
public void run() {
    while (mIsDrawing){
```

```java
                drawSomething();
                x += 1;
                y = (int)(100 * Math.sin(2 * x * Math.PI / 180) + 400);
                //加入新的坐标点
                mPath.lineTo(x, y);
            }
        }
    private void drawSomething() {
        try {
                //获得 Canvas 对象
                mCanvas = mSurfaceHolder.lockCanvas();
                //绘制背景
                mCanvas.drawColor(Color.WHITE);
                //绘制路径
                mCanvas.drawPath(mPath, mPaint);
        }catch (Exception e){
        }finally {
                if (mCanvas != null){
                    //释放 Canvas 对象并提交画布
                    mSurfaceHolder.unlockCanvasAndPost(mCanvas);
                }
            }
        }
    /**
     * 初始化 View
     */
    private void initView(){
            mSurfaceHolder = getHolder();
            mSurfaceHolder.addCallback(this);
            setFocusable(true);
            setKeepScreenOn(true);
            setFocusableInTouchMode(true);
        }
}
```

2) 手写板(随手指绘制轨迹)

主要是涉及触摸事件, 在手指按下时, 将 Path 的起始点移动到按下的坐标点, 手指移动时, 将移动的坐标点加入 Path 中, 其他的代码是相同的。

```java
public class SurfaceViewHandWriting extends SurfaceView implements SurfaceHolder.
Callback, Runnable {
    private SurfaceHolder mSurfaceHolder;
    //绘图的 Canvas
    private Canvas mCanvas;
    //子线程标志位
    private boolean mIsDrawing;
    //画笔
    private Paint mPaint;
    //路径
    private Path mPath;
    private static final String TAG = "pyh";
    public SurfaceViewHandWriting(Context context) {
        this(context, null);
    }
    public SurfaceViewHandWriting(Context context, AttributeSet attrs) {
        this(context, attrs, 0);
    }
    public SurfaceViewHandWriting(Context context, AttributeSet attrs, int defStyleAttr) {
        super(context, attrs, defStyleAttr);
        mPaint = new Paint();
        mPaint.setColor(Color.BLACK);
        mPaint.setStyle(Paint.Style.STROKE);
        mPaint.setStrokeWidth(5);
        mPaint.setAntiAlias(true);
        mPath = new Path();
        mPath.moveTo(0, 100);
        initView();
    }
    @Override
    public void surfaceCreated(SurfaceHolder holder) {
        mIsDrawing = true;
        new Thread(this).start();
    }
    @Override
    public void surfaceChanged(SurfaceHolder holder, int format, int width, int height) {
    }
    @Override
    public void surfaceDestroyed(SurfaceHolder holder) {
```

```java
            mIsDrawing = false;
    }
    @Override
    public void run() {
        while (mIsDrawing) {
            long start = System.currentTimeMillis();
            drawSomething();
            long end = System.currentTimeMillis();
            if (end − start < 100) {
                try {
                    Thread.sleep(100 − (end − start));
                } catch (InterruptedException e) {
                    e.printStackTrace();
                }
            }
        }
    }
    @Override
    public boolean onTouchEvent(MotionEvent event) {
        int x = (int) event.getX();
        int y = (int) event.getY();
        switch (event.getAction()){
            case MotionEvent.ACTION_DOWN:
                mPath.moveTo(x, y);
                break;
            case MotionEvent.ACTION_MOVE:
                mPath.lineTo(x, y);
                break;
            case MotionEvent.ACTION_UP:
                break;
        }
        return true;
    }
    /**
     * 初始化 View
     */
    private void initView(){
        mSurfaceHolder = getHolder();
        mSurfaceHolder.addCallback(this);
```

```
            setFocusable(true);
            setKeepScreenOn(true);
            setFocusableInTouchMode(true);
        }
        private void drawSomething() {
            try {
                //获得 Canvas 对象
                mCanvas = mSurfaceHolder.lockCanvas();
                //绘制背景
                mCanvas.drawColor(Color.WHITE);
                //绘制路径
                mCanvas.drawPath(mPath, mPaint);
            }catch (Exception e){
            }finally {
                if (mCanvas != null){
                    //释放 Canvas 对象并提交画布
                    mSurfaceHolder.unlockCanvasAndPost(mCanvas);
                }
            }
        }
}
```

3.2.3 使用SurfaceView+MediaPlayer播放视频

Android 中播放视频主要有两种方式:一种是使用 android 自带的 VideoView,这种方式比较简单;另一种是使用 SurfaceView+MediaPlayer,这种方式效果比较好。

SurfaceView 在视频播放中起到显示画面的作用,而视频的播放主要通过 MediaPlayer来控制。

SurfaceView 从 android 1.0 就有了,十分好用。一般来说,UI 对刷新都需要在 UI 线程中完成,但是 SurfaceView 可以在非 UI 线程中完成刷新。这样一来就很方便了,比如在线播放,就不需要自己去写 handler 来实现两个线程之间的通信了,直接可以在非 UI 线程中播放视频。

实现步骤:

①调用 player.setDataSource( )设置要播放的资源,可以是文件、文件路径或者 URL。

②调用 MediaPlayer.setDisplay(holder)设置 surfaceHolder, surfaceHolder 可以通过surfaceview 的 getHolder( )获得。

③调用 MediaPlayer.prepare( )来准备。

④调用 MediaPlayer.start( )来播放视频。

任务实施

步骤1:新建应用

创建新的 Module,名称为"MSVideo"。关于创建 Module 具体细节,请参见 1.2 节中的"任务实施"下的"步骤1:新建应用"所述内容。

步骤2:上传视频文件到 Android 模拟器中

确保 Android 模拟器已启动,将准备好的视频文件复制到"sdcard"目录。

步骤3:导入图片文件

准备3张小图片作为播放器按钮的图片,如图3-2所示。

图3-2　播放器图片

步骤4:配置 activity_main.xml 文件

①修改布局为 LinearLayout。
②设置排列方式为垂直,即 android:orientation="vertical"。
③添加 SurfaceView 组件。
④添加水平线性布局。
⑤在新增的布局中添加3个 ImageButton 作为播放、暂停和停止按钮。

```
<?xml version="1.0" encoding="utf-8"?>
<LinearLayout xmlns:android="http://schemas.android.com/apk/res/android"
    xmlns:tools="http://schemas.android.com/tools"
    android:layout_width="match_parent"
    android:layout_height="match_parent"
    android:orientation="vertical"
    tools:context=".MainActivity">
    <!--SurfaceView 组件-->
```

```xml
<SurfaceView
    android:id="@+id/surfaceView"
    android:layout_width="wrap_content"
    android:layout_height="wrap_content"
    android:layout_weight="10" />
<!--水平线性布局-->
<LinearLayout
    android:layout_width="match_parent"
    android:layout_height="wrap_content"
    android:layout_weight="1"
    android:orientation="horizontal">
    <!--播放按钮-->
    <ImageButton
        android:id="@+id/play"
        android:layout_width="wrap_content"
        android:layout_height="wrap_content"
        android:layout_weight="1"
        android:background="@color/black"
        android:src="@drawable/btn_play" />
    <!--暂停按钮-->
    <ImageButton
        android:id="@+id/pause"
        android:layout_width="wrap_content"
        android:layout_height="wrap_content"
        android:layout_weight="1"
        android:background="@color/black"
        android:src="@drawable/btn_pause" />
    <!--停止按钮-->
    <ImageButton
        android:id="@+id/stop"
        android:layout_width="wrap_content"
        android:layout_height="wrap_content"
        android:layout_weight="1"
        android:background="@color/black"
        android:src="@drawable/btn_stop" />
</LinearLayout>
</LinearLayout>
```

步骤5：编辑 MainActivity.java 文件

①重写 onCreate 方法。
②重写 onDestroy 方法。

```java
import android.app.Activity;
import android.media.AudioManager;
import android.media.MediaPlayer;
import android.os.Environment;
import android.os.Bundle;
import android.view.SurfaceHolder;
import android.view.SurfaceView;
import android.view.View;
import android.view.WindowManager;
import android.widget.ImageButton;
import android.widget.Toast;
public class MainActivity extends Activity {
    private ImageButton play, pause, stop; // 定义播放、暂停和停止按钮
    private MediaPlayer mediaPlayer;      // 定义 MediaPlayer 对象
    private SurfaceHolder surfaceHolder;   // 定义 SurfaceHolder 对象
    private boolean noPlay = true;        //定义播放状态
    @Override
    protected void onCreate(Bundle savedInstanceState) {
        super.onCreate(savedInstanceState);
        setContentView(R.layout.activity_main);
        //设置全屏显示
        getWindow().setFlags(WindowManager.LayoutParams.FLAG_FULLSCREEN,
        WindowManager.LayoutParams.FLAG_FULLSCREEN);
        play = (ImageButton) findViewById(R.id.play);  // 获取播放按钮对象
        pause = (ImageButton) findViewById(R.id.pause); // 获取暂停按钮对象
        stop = (ImageButton) findViewById(R.id.stop);  // 获取停止按钮对象
        //获取 SurfaceView 组件
        SurfaceView surfaceView = (SurfaceView) findViewById(R.id.surfaceView);
        surfaceHolder = surfaceView.getHolder();   //获取 SurfaceHolder
        pause.setEnabled(false);          //设置暂停按钮不可用
        stop.setEnabled(false);           //设置停止按钮不可用
        mediaPlayer = new MediaPlayer();         //创建 MediaPlayer 对象
        //设置多媒体的类型
        mediaPlayer.setAudioStreamType(AudioManager.STREAM_MUSIC);
```

```java
//实现播放与继续播放功能
play.setOnClickListener(new View.OnClickListener() {
    @Override
    public void onClick(View v) {
        //如果没有播放视频
        if (noPlay) {
            mediaPlayer.reset();                //重置 MediaPlayer
            //把视频画面输出到 SurfaceView
            mediaPlayer.setDisplay(surfaceHolder);
            try {
                // 模拟器的 SD 卡上的视频文件
                mediaPlayer.setDataSource(Environment.
                getExternalStorageDirectory() + "/myvideo.mkv");
                mediaPlayer.prepare(); // 预加载
            } catch (Exception e) {
                e.printStackTrace();    //输出异常信息
            }
            mediaPlayer.start();    //开始播放
            pause.setEnabled(true); //设置"暂停"按钮可用
            stop.setEnabled(true); //设置"停止"按钮可用
            noPlay = false; //设置播放状态为正在播放
        } else {
            mediaPlayer.start();    //继续播放视频
        }
    }
});
//实现暂停功能
pause.setOnClickListener(new View.OnClickListener() {
    @Override
    public void onClick(View v) {
        //如果视频处于播放状态
        if (mediaPlayer.isPlaying()) {
            mediaPlayer.pause();    //暂停视频的播放
        }
    }
});
```

```
//实现停止功能
stop.setOnClickListener(new View.OnClickListener() {
    @Override
    public void onClick(View v) {
        if (mediaPlayer.isPlaying()) {   //如果视频处于播放状态
            mediaPlayer.stop();          //停止播放
            noPlay = true;               //设置播放状态为没有播放
            pause.setEnabled(false);     //设置"暂停"按钮不可用
            stop.setEnabled(false);      //设置"停止"按钮不可用
        }
    }
});
// 为 MediaPlayer 对象添加完成事件监听器
mediaPlayer.setOnCompletionListener(newMediaPlayer.OnCompletionListener(){
    @Override
    public void onCompletion(MediaPlayer mp) {
        Toast. makeText(MainActivity. this, " 视 频 播 放 完 毕 ！ ", Toast.
        LENGTH_SHORT).show();
    }
});
}
//当前 Activity 销毁时,停止正在播放的视频,并释放 MediaPlayer 所占用的资源
@Override
protected void onDestroy() {
    super.onDestroy();
    //如果 MediaPlayer 不为空
    if (mediaPlayer != null) {
        //如果处于播放状态
        if (mediaPlayer.isPlaying()) {
            mediaPlayer.stop(); // 停止播放视频
        }
        // Activity 销毁时停止播放,释放资源。不做这个操作,即使退出还是
        能听到视频播放的声音
        mediaPlayer.release();
    }
}
}
```

步骤6：编辑AndroidManifest.xml文件

编辑"manifests"目录下的AndroidManifest.xml文件。

添加SD卡访问权限<uses-permission>。

```xml
<?xml version="1.0" encoding="utf-8"?>
<manifest xmlns:android="http://schemas.android.com/apk/res/android"
    package="com.dr.msvideo">
    <application
        android:allowBackup="true"
        android:icon="@mipmap/ic_launcher"
        android:label="@string/app_name"
        android:roundIcon="@mipmap/ic_launcher_round"
        android:supportsRtl="true"
        android:theme="@style/Theme.HelloWorld">
    <activity
            android:name=".MainActivity"
            android:exported="true">
            <intent-filter>
                <action android:name="android.intent.action.MAIN" />
                <category android:name="android.intent.category.LAUNCHER" />
            </intent-filter>
        </activity>
    </application>
    <uses-permission android:name="android.permission.READ_EXTERNAL_
    STORAGE" />
</manifest>
```

步骤7：Android模拟器权限配置

首次启动项目，可能会因为应用权限的问题而得到错误提示，这就需要开启访问存储设备的权限。配置方法请参见2.2节中的"任务实施"下的"步骤9"中所述内容。

3.3 项目小结

掌握通过VideoView组件、MediaPlayer与SurfaceView组件等多种方式，实现视频播放，使用Android自带的MediaPlayer，MediaController等类可以很方便地实现视频播放的功能，支持的视频格式有MP4和3GP等。这些多媒体数据可以来自Android应用的资源文件，也可以来自外部存储器上的文件，甚至可以是来自网络上的文件流。其中，MediaController+VideoView是最简单的实现方式。

3.4　拓展练习

将准备好的视频文件，像导入图片那样导入项目中，修改项目代码，播放项目自带的视频文件。(△)

项目 4
智能网联车载导航项目实现 ·····································○

项目背景

自从有了公路,就有了为人们指路的地图。然而,作为人们指路向导的地图,又常常成为人们关系紧张的根源。因为印制的地图经常跟不上街道的变化,又难以辨认,于是就会造成开车的人责备旁边坐车的人不会看图,不能提供准确的指令。

车载导航是利用车载GPS(全球定位系统)配合电子地图来进行导航的,它可以方便且准确地告诉驾驶员前往目的地的最短或者最快路径,是驾驶员的好帮手。

所支撑的职业技能

通过本项目的学习,能够掌握如何使用LocationManager取得LocationProvider,使用LocationManager获取定位信息,并通过使用高德Android SDK显示地图及获取定位信息。

重点与难点

◇重点
- 掌握通过LocationManager获取所有可用的LocationProvider。
- 掌握使用LocationManager通过名称获得LocationProvider。
- 掌握使用LocationManager通过Criteria类获得LocationProvider。
- 掌握通过LocationManager获取定位信息。
- 掌握获取高德Android SDK的方法。
- 掌握使用高德Android SDK获取显示地图的方法。
- 掌握使用高德Android SDK获取定位蓝点的方法。

◇难点
- 通过高德Android SDK获取显示地图。
- 通过高德Android SDK获取定位蓝点。

4.1 通过LocationManager取得LocationProvider

任务描述

　　基于位置的服务简称LBS。主要的工作原理就是利用无线电通信网络或GPS等定位方式来确定出移动设备所在的位置。核心就是要确定出自己所在的位置,在Android中,主要借助LocationManager这个类来实现。

　　通过本任务的学习,掌握如何使用LocationManager取得LocationProvider。

任务要求

　　①掌握通过LocationManager获取所有可用的LocationProvider。

　　②掌握使用LocationManager通过名称获得LocationProvider。

　　③掌握使用LocationManager通过Criteria类获得LocationProvider。

相关知识

　　Android提供了定位服务和地理编码服务,它们分别是由LocationManager和Geocoder来提供的。

　　LocationManager系统服务是位置服务的核心组件,它提供了一系列方法来处理与位置相关的问题,比如查询上一个已知位置,定期更新设备的地理位置,或者当设备进入给定地理位置附近时触发应用指定意图等。

　　获取LocationManager,它不能直接实例化,需要通过Context.getSystemService方法获得LocationManager对象。

```
LocationManager lm = (LocationManager) getSystemService(Context.LOCATION_SERVICE);
```

　　LocationProvider它是位置信息提供者,系统一般提供3种方式获取地理位置信息。

　　①GPS_PROVIDER:通过GPS来获取地理位置的经纬度信息。

　　优点:获取地理位置信息精确度高。

　　缺点:只能在户外使用,获取经纬度信息耗时、耗电。

　　②NETWORK_PROVIDER:通过移动网络的基站或者Wi-Fi来获取地理位置。

　　优点:只要有网络,就可以快速定位,室内室外都可。

　　缺点:精确度不高。

　　③PASSIVE_PROVIDER:被动接收更新地理位置信息,而不用自己请求地理位置信息。PASSIVE_PROVIDER返回的位置是通过其他providers产生的,可以查询getProvider()决定位置更新的由来,需要ACCESS_FINE_LOCATION权限,但是如果未启用GPS,则此

provider 可能只返回粗略位置匹配。

获取 provider 的方法有 getProviders、getAllProviders 和 getBestProvider（根据一组条件来返回合适的 provider）。

另外还要配置相关的访问权限：

- ACCESS_FINE_LOCATION 是精确位置，如果使用 GPS_PROVIDER 或者同时使用 GPS_PROVIDER 和 NETWORK_PROVIDER，须声明该权限，它对于这两个 provider 都是有效的。
- ACCESS_COARSE_LOCATION 是粗略位置，该权限只针对 NETWORK_PROVIDER。

任务实施

步骤1：新建应用

创建新的 Module，名称为"ManagerProvider"。关于创建 Module 具体细节，请参见 1.2 节中的"任务实施"下的"步骤1：新建应用"所述内容。

步骤2：配置 activity_main.xml 文件

① 修改布局为 RelativeLayout。
② 添加 TextView 组件。

```xml
<?xml version="1.0" encoding="utf-8"?>
<RelativeLayout xmlns:android="http://schemas.android.com/apk/res/android"
    xmlns:tools="http://schemas.android.com/tools"
    android:layout_width="match_parent"
    android:layout_height="match_parent"
    tools:context=".MainActivity">
    <TextView
        android:id="@+id/title"
        android:layout_width="wrap_content"
        android:layout_height="wrap_content"
        android:layout_above="@+id/provider"
        android:layout_centerInParent="true"
        android:text="可用 LocationProvider:"
        android:textSize="30sp"
        android:textStyle="bold" />
    <TextView
        android:id="@+id/provider"
        android:layout_width="wrap_content"
        android:layout_height="wrap_content"
```

```
            android:layout_centerInParent="true"
            android:textSize="25sp" />
</RelativeLayout>
```

步骤3：编辑MainActivity.java文件，重写onCreate方法

①获取所有可用的LocationProvider。

②通过名称获得LocationProvider。

③通过Criteria类获得LocationProvider。

```java
package com.dr. managerprovider;
import androidx.appcompat.app.AppCompatActivity;
import android.location.Criteria;
import android.location.LocationManager;
import android.location.LocationProvider;
import android.os.Bundle;
import android.view.WindowManager;
import android.widget.TextView;
import java.util.Iterator;
import java.util.List;
public class MainActivity extends AppCompatActivity {
    private LocationManager locationManager;//地址管理器
    private TextView textView;//文本组件
    @Override
    protected void onCreate(Bundle savedInstanceState) {
        super.onCreate(savedInstanceState);
        setContentView(R.layout.activity_main);
        //设置全屏显示
        getWindow().setFlags(WindowManager.LayoutParams.FLAG_FULLSCREEN,
        WindowManager.LayoutParams.FLAG_FULLSCREEN);
        //获取显示 LocationProvider 名称的 TextView 组件
        textView = (TextView) findViewById(R.id.provider);
        //获取 location 服务
        locationManager = (LocationManager) getSystemService(LOCATION_SERVICE);
        //获取所有可用的 LocationProvider
        getAllProviders();
        //通过名称获得 LocationProvider
        getProvider();
        //通过 Criteria 类获得最佳的 LocationProvider
```

```
            getBestProvider();
    }
    /*
     * 通过 Criteria 类获得最佳的 LocationProvider
     */
    private void getBestProvider() {
        Criteria criteria = new Criteria();//创建一个过滤条件对象
        criteria.setCostAllowed(false);//设置是否收费：不收费
        criteria.setAccuracy(Criteria.ACCURACY_FINE);//设置精度：高精度
        criteria.setPowerRequirement(Criteria.POWER_LOW);//设置耗电量：低耗电
        //获取最佳 Provider。参数2：是否可用
        String provider = locationManager.getBestProvider(criteria, true);
        textView.setText(provider);
    }
    /*
     * 通过名称获得 LocationProvider
     */
    private void getProvider() {
        LocationProvider lp = locationManager.getProvider(LocationManager.
        GPS_PROVIDER);//获取基于 GPS 的 LocationProvider
        textView.setText(lp.getName());
    }
    /*
     * 获取所有可用的 LocationProvider
     */
    private void getAllProviders() {
        //获取系统所有的 LocationProvider 名称
        List<String> providersNames = locationManager.getAllProviders();
        StringBuilder stringBuilder = new StringBuilder();  //使用 StringBuilder 保存数据
        //遍历获取到的全部 LocationProvider 名称
        for (Iterator<String> iterator = providersNames.iterator(); iterator.hasNext(); ) {
            stringBuilder.append(iterator.next() + "\n");
        }
        textView.setText(stringBuilder.toString());  //显示 LocationProvider 名称
    }
}
```

步骤4：编辑AndroidManifest.xml文件

编辑"manifests"目录下的 AndroidManifest.xml 文件。

添加SD卡访问权限<uses-permission>。

```xml
<?xml version="1.0" encoding="utf-8"?>
<manifest xmlns:android="http://schemas.android.com/apk/res/android"
    package="com.dr.managerprovider">
    <application
        android:allowBackup="true"
        android:icon="@mipmap/ic_launcher"
        android:label="@string/app_name"
        android:roundIcon="@mipmap/ic_launcher_round"
        android:supportsRtl="true"
        android:theme="@style/Theme.HelloWorld">
        <activity
            android:name=".MainActivity"
            android:exported="true">
            <intent-filter>
                <action android:name="android.intent.action.MAIN" />
                <category android:name="android.intent.category.LAUNCHER" />
            </intent-filter>
        </activity>
    </application>
    <!-- 访问高精度地址权限-->
    <uses-permission android:name="android.permission.ACCESS_FINE_LOCATION">
    </uses-permission>
</manifest>
```

步骤5：Android模拟器权限配置

首次启动项目，可能会因为应用权限的问题而得到错误提示，这就需要开启访问存储设备的权限。配置方法请参见2.2节中的"任务实施"下的"步骤9"中所述内容。

4.2　获取定位信息

任务描述

位置是物联网信息的重要属性之一，缺少位置的感知信息是没有实用价值的，位置服务采用定位技术，确定智能物体当前的地理位置，利用地理信息系统技术与移动通信技术,向物联网中的智能物体提供与其位置相关的信息服务。

通过本任务的学习,掌握如何使用LocationManager获取定位信息。

任务要求

掌握通过LocationManager获取定位信息。

相关知识

位置服务,英文翻译为Location Based Services,缩写为LBS,又称为定位服务或基于位置的服务,融合了GPS定位、移动通信、导航等多种技术,提供与空间位置相关的综合应用服务,基于位置的服务发展很迅速,涉及商务、医疗、工作和生活的各个方面,为用户提供定位、追踪和敏感区域警告等一系列服务。比如谷歌地图和百度地图,都需要通过位置服务。

按照如下步骤实现获取位置的经纬度,并且在位置改变时,实时更新经纬度。

①通过android.app.Activity.getSystemService()函数获取LocationManager对象。

```
// 获取的是位置服务
String serviceString = Context.LOCATION_SERVICE;
// 调用 getSystemService()函数来获取 LocationManager 对象
LocationManager locationManager = (LocationManager) getSystemService(serviceString);
```

②在获取到LocationManager对象后,还需要指定LocationManager的定位方法,然后才能够调用LocationManager.getLastKnowLocation()获取当前位置,目前LocationManager主要有两种定位方法。

GPS定位:可以提供更加精确的位置信息,但定位速度和质量受到卫星数量和环境情况的影响,需要android.permissions.ACCESS_FINE_LOCATION的用户权限。

网络定位:提供的位置信息精度差,但速度较GPS定位要迅速,利用基站或Wi-Fi访问的提供近似的位置信息。

需要具有如下权限:

android.permission.ACCESS_COARSE_LOCATION　//获取精确位置

android.permission.ACCESS_FINE_LOCATION　　//获取粗略位置

注意:使用GPS定位和网络定位的LocationManager类的静态常量不一样,GPS定位的LocationManager类的静态常量为:GPS_PROVIDER,网络定位的LocationManager类的静态常量为:NETWORK_PROVIDER,这两个静态常量在获取当前位置时要用到。

```
// 指定 LocationManager 的定位方法
String provider = LocationManager.GPS_PROVIDER;
// 调用 getLastKnownLocation()方法获取当前的位置信息
Location location = locationManager.getLastKnownLocation(provider);
```

③通过调用 Location 中的 getLatitude( )和 getLonggitude( )可以分别获取位置信息中的纬度和经度。

```
double lat = location.getLatitude();//获取纬度
double lng = location.getLongitude();//获取经度
```

④在很多提供定位服务的应用程序中,不仅需要获取当前的位置信息,还需要监视位置的变化,在位置改变时调用特定的处理方法,其中 LocationManager 提供了一种便捷、高效的位置监视方法 requestLocationUpdates( ),可以根据位置的距离变化和时间间隔设定,产生位置改变事件的条件,这样可以避免因微小的距离变化而产生大量的位置改变事件。

```
// 产生位置改变事件的条件设定为距离改变 10 米,时间间隔为 2 秒,设定监听位置变化
locationManager.requestLocationUpdates(provider, 2000, 10,locationListener);
```

任务实施

步骤 1:新建应用

创建新的 Module,名称为"LocationInfo"。关于创建 Module 具体细节,请参见 1.2 节中的"任务实施"下的"步骤 1:新建应用"所述内容。

步骤 2:配置 activity_main.xml 文件

①修改布局为 RelativeLayout。
②添加 TextView 组件。

```
<?xml version="1.0" encoding="utf-8"?>
<RelativeLayout xmlns:android="http://schemas.android.com/apk/res/android"


    xmlns:tools="http://schemas.android.com/tools"
    android:layout_width="match_parent"
    android:layout_height="match_parent"
    tools:context=".MainActivity">
    <TextView
        android:id="@+id/provider"
        android:layout_width="wrap_content"
        android:layout_height="wrap_content"
        android:layout_centerInParent="true"
        android:textSize="25sp" />
</RelativeLayout>
```

步骤3：编辑MainActivity.java文件，重写onCreate方法

获取定位信息：

```java
package com.dr.locationinfo;
import androidx.appcompat.app.AppCompatActivity;
import androidx.core.app.ActivityCompat;
import android.Manifest;
import android.content.pm.PackageManager;
import android.location.Location;
import android.location.LocationListener;
import android.location.LocationManager;
import android.os.Bundle;
import android.view.WindowManager;
import android.widget.TextView;
public class MainActivity extends AppCompatActivity {
    private LocationManager locationManager;//地址管理器
    private TextView textView;//文本组件
    @Override
    protected void onCreate(Bundle savedInstanceState) {
        super.onCreate(savedInstanceState);
        setContentView(R.layout.activity_main);
        //设置全屏显示
        getWindow().setFlags(WindowManager.LayoutParams.FLAG_FULLSCREEN,
        WindowManager.LayoutParams.FLAG_FULLSCREEN);
        //获取显示 LocationProvider 名称的 TextView 组件
        textView = (TextView) findViewById(R.id.provider);
        //获取 location 服务
        locationManager = (LocationManager) getSystemService(LOCATION_SERVICE);
        /*
         * 获取定位信息
         */
        //设置每秒获取一次 location 信息
        if (ActivityCompat.checkSelfPermission(this, Manifest.permission.
        ACCESS_FINE_LOCATION) != PackageManager.PERMISSION_GRANTED
        && ActivityCompat.checkSelfPermission(this, Manifest.permission.
        ACCESS_COARSE_LOCATION) != PackageManager.PERMISSION_
        GRANTED) {
            // TODO: Consider calling
```

```
//      ActivityCompat#requestPermissions
// here to request the missing permissions, and then overriding
//   public void onRequestPermissionsResult(int requestCode,
String[] permissions,
//                            int[] grantResults)
// to handle the case where the user grants the permission. See the
documentation
// for ActivityCompat#requestPermissions for more details.
    return;
}
locationManager.requestLocationUpdates(
        LocationManager.GPS_PROVIDER,      //GPS 定位提供者
        1000,      //更新数据时间为 1 秒
        1,     //位置间隔为 1 米
        new LocationListener() {//位置监听器
        //GPS 定位信息发生改变时触发，用于更新位置信息
        @Override
        public void onLocationChanged(Location location) {
            locationUpdates(location);//GPS 信息发生改变时，更新位置
        }
        @Override
        //位置状态发生改变时触发
        public void onStatusChanged(String provider, int status, Bundle extras) {
        }
        @Override
        //定位提供者启动时触发
        public void onProviderEnabled(String provider) {
        }
        @Override
        //定位提供者关闭时触发
        public void onProviderDisabled(String provider) {
        }
    });
Location  location  =  locationManager. getLastKnownLocation(LocationManager.
GPS_PROVIDER);//从 GPS 获取最新的定位信息
locationUpdates(location); // 将最新的定位信息传递给创建的 locationUpdates()中
}
```

```
    /*
     * 获取指定的查询信息
     */
    private void locationUpdates(Location location) {
        //如果 location 不为空时
        if (location != null) {
            //使用 StringBuilder 保存数据
            StringBuilder stringBuilder = new StringBuilder();
            //获取经度、纬度等属性值
            stringBuilder.append("您的位置信息:\n");
            stringBuilder.append("经度:");
            stringBuilder.append(location.getLongitude());
            stringBuilder.append("\n 纬度:");
            stringBuilder.append(location.getLatitude());
            textView.setText(stringBuilder);//显示获取的信息
        } else {
            //否则输出空信息
            textView.setText("没有获取到 GPS 信息");
        }
    }
}
```

步骤4:编辑AndroidManifest.xml文件

编辑"manifests"目录下的 AndroidManifest.xml 文件。
添加SD卡访问权限<uses-permission>。

```
<?xml version="1.0" encoding="utf-8"?>
<manifest xmlns:android="http://schemas.android.com/apk/res/android"
    package="com.dr. managerprovider">
    <application
        android:allowBackup="true"
        android:icon="@mipmap/ic_launcher"
        android:label="@string/app_name"
        android:roundIcon="@mipmap/ic_launcher_round"
        android:supportsRtl="true"
        android:theme="@style/Theme.HelloWorld">
        <activity
```

```
                android:name=".MainActivity"
                android:exported="true">
                <intent-filter>
                    <action android:name="android.intent.action.MAIN" />
                    <category android:name="android.intent.category.LAUNCHER" />
                </intent-filter>
        </activity>
    </application>
    <!--访问低精度地址权限-->
    <uses-permission android:name="android.permission.ACCESS_COARSE_
    LOCATION"/>
    <!-- 访问高精度地址权限-->
    <uses-permission android:name="android.permission.ACCESS_FINE_LOCATION"/>
</manifest>
```

步骤5：Android模拟器权限配置

首次启动项目，可能会因为应用权限的问题而得到错误提示，这就需要开启访问存储设备的权限。配置方法请参见2.2节中的"任务实施"下的"步骤9"中所述内容。

4.3 使用高德Android SDK开发地图应用

任务描述

目前做LBS需求的前端有几个API选择，如高德地图、腾讯地图和百度地图。这里以高德Android SDK为例。

通过本任务的学习，掌握如何使用高德Android SDK显示地图及获取定位。

任务要求

①掌握获取高德Android SDK的方法。
②掌握使用高德Android SDK获取显示地图的方法。
③掌握使用高德Android SDK获取定位蓝点的方法。

相关知识

高德地图Android SDK是一套地图开发调用接口，开发者可以使用该套SDK，在自己的

Android应用中轻松地开发适用于Android系统移动设备的地图应用,包括地图显示(含室内、室外地图)、与地图交互、在地图上绘制、兴趣点搜索、地理编码、离线地图等功能。

使用高德地图Android SDK进行地图应用开发,需要在高德开放平台上注册一个开发者账号。这里默认读者已经拥有了一个开发者账号。

(1)下载并安装Android Studio

开发高德地图Android应用,官方推荐两种开发工具,分别是Eclipse和Android Studio。这里以Android Studio为例。

关于如何下载并安装Android Studio的具体细节,请参见1.1节所述内容。

(2)获取开发密钥(AK)

开发者在使用SDK之前,需要获取高德地图移动版开发密钥(AK),该AK需要与高德账户相关联。

(3)创建项目

新建一个Empty Activity的应用项目,或在已有应用上添加Module。

(4)下载并安装地图开发包

从官网下载开发包,得到一个名称类似AMap3DMap_AMapSearch_AMapLocation.zip的压缩包。解压后,会得到一组文件夹及一个jar文件,各文件夹内都是.so格式的文件,如图4-1所示。

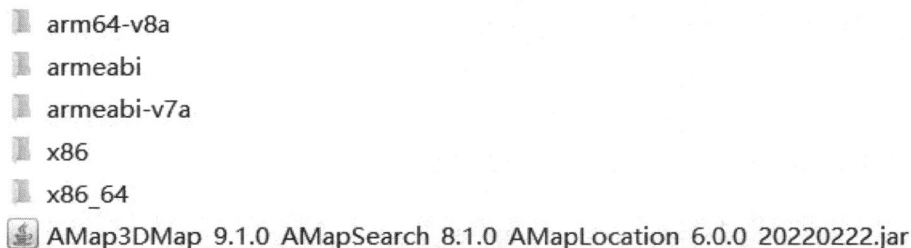

    arm64-v8a
    armeabi
    armeabi-v7a
    x86
    x86_64
    AMap3DMap_9.1.0_AMapSearch_8.1.0_AMapLocation_6.0.0_20220222.jar

图4-1　导入文件

(5)项目配置

将解压后得到的文件夹和jar文件,导入到项目中,并修改配置。
①修改AndroidManifest.xml文件,添加开发密钥。

```
<meta-data
    android:name="com.amap.api.v2.apikey"
    android:value="您的 Key"/>
```

②修改 AndroidManifest.xml 文件,配置权限。

```
<!--允许程序打开网络套接字-->
<uses-permission android:name="android.permission.INTERNET" />
<!--允许程序设置内置 SD 卡的写权限-->
<uses-permission android:name="android.permission.WRITE_EXTERNAL_STORAGE" />
<!--允许程序获取网络状态-->
<uses-permission android:name="android.permission.ACCESS_NETWORK_STATE" />
<!--允许程序访问 Wi-Fi 网络信息-->
<uses-permission android:name="android.permission.ACCESS_WIFI_STATE" />
<!--允许程序读写手机状态和身份-->
<uses-permission android:name="android.permission.READ_PHONE_STATE" />
<!--允许程序访问 CellID 或 Wi-Fi 热点来获取粗略的位置-->
<uses-permission android:name="android.permission.ACCESS_COARSE_LOCATION" />
```

③修改 XML 布局文件,在布局 xml 文件中添加地图控件。

```
<com.amap.api.maps.MapView
    android:id="@+id/map"
    android:layout_width="match_parent"
    android:layout_height="match_parent">
</com.amap.api.maps.MapView>
```

(6)地图展示

修改 MainActivity.java,重写 onCreate 方法。

```
@Override
protected void onCreate(Bundle savedInstanceState) {
    super.onCreate(savedInstanceState);
    setContentView(R.layout.basicmap_activity);//设置对应的 XML 布局文件
    MapView mapView = (MapView) findViewById(R.id.map);
    mapView.onCreate(savedInstanceState);// 此方法必须重写
    AMap aMap = mapView.getMap();
}
```

任务实施

步骤 1：新建应用

创建新的 Module，名称为"GDMap"。关于创建 Module 具体细节，请参见 1.2 节中的"任务实施"下的"步骤 1：新建应用"所述内容。

步骤 2：获取 SHA1

①运行进入控制台，如图 4-2 所示。

图4-2 进入控制台

②在弹出的控制台窗口中输入"cd .android"定位到 .android 文件夹，如图 4-3 所示。

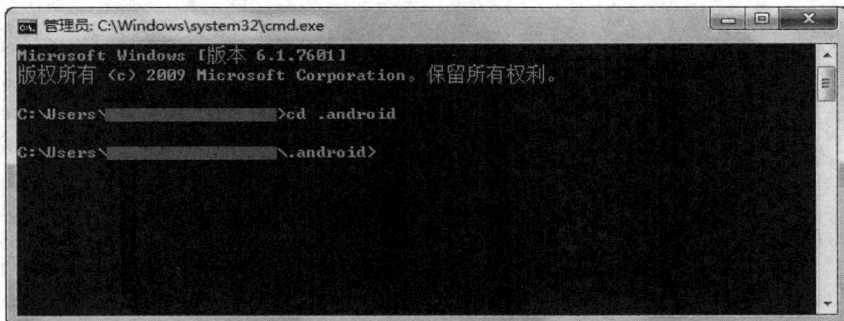

图4-3 进入 .android文件夹

③输入 keytool 指令。

keytool 是 java 命令，要确保已经正确安装 Java 开发环境，并配置了系统环境变量的"path"属性。如果没有配置"path"属性，可以向"path"属性中添加一个临时配置。

假定 Java 安装在"C:\Program Files\Java\jdk1.8.0_191"目录，可以使用 set 指令进行对"path"进行临时设置。set path=%path%；C:\Program Files\Java\jdk1.8.0_191\bin

调试版本使用 debug.keystore，命令为：keytool –list –v –keystore debug.keystore。发布版本使用 apk 对应的 keystore，命令为：keytool –list –v –keystore apk 的 keystore，如图 4-4 所示。

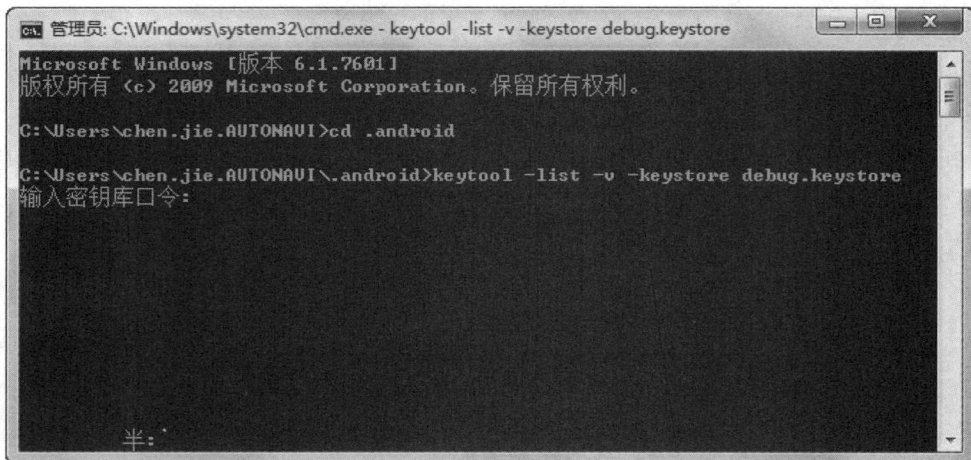

图4-4　输入keytool指令

④取得SHA1。

提示输入密钥库密码,开发模式默认密码是"android",发布模式的密码是为apk的keystore设置的密码。输入密钥后回车(如果没设置密码,可直接回车),此时可在控制台显示的信息中获取SHA1值,如图4-5所示。

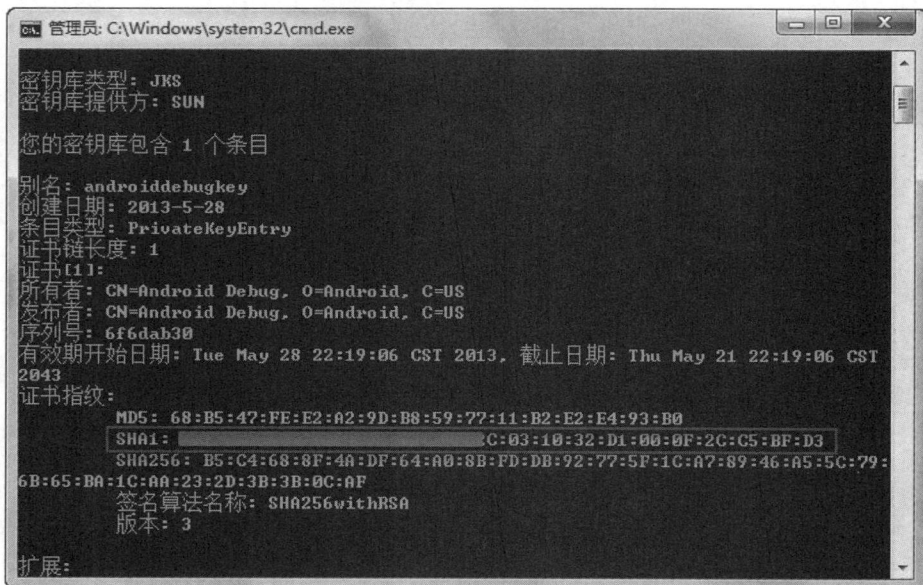

图4-5　取得SHA1

步骤3:获取PackageName

打开 Android 项目的 AndroidManifest.xml 配置文件,package 属性所对应的内容为应用包名,如图4-6所示。

同时也请检查 build.gradle 文件的 applicationid 属性是否与上文提到的 package 属性

一致,如果不一致,会导致 INVALID_USER_SCODE。

```xml
<?xml version="1.0" encoding="utf-8"?>
<manifest xmlns:android="http://schemas.android.com/apk/res/android"
    package="com.dr.gdmap">
```

图4-6　获取PackageName

步骤4:获取开发密钥

1)创建新应用

进入控制台,单击"创建新应用"按钮,创建一个新的应用,如图4-7所示。在弹出的窗口中,填写应用信息,如图4-8所示。其中"应用名称"可以自由定义,"应用类型"可以选择一个与地图相关的选项,比如:导航。如果之前已经创建过应用,可直接跳过此步骤。

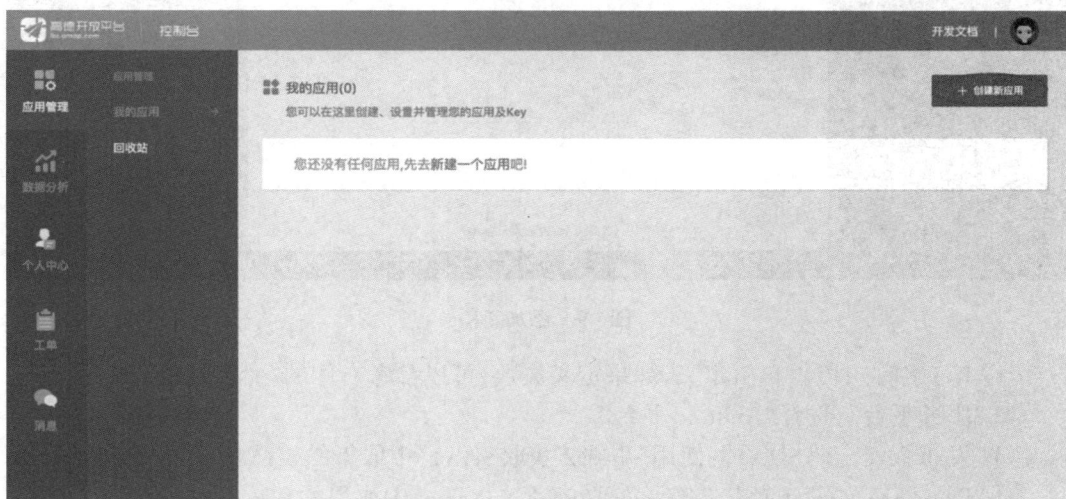

图4-7　创建新应用

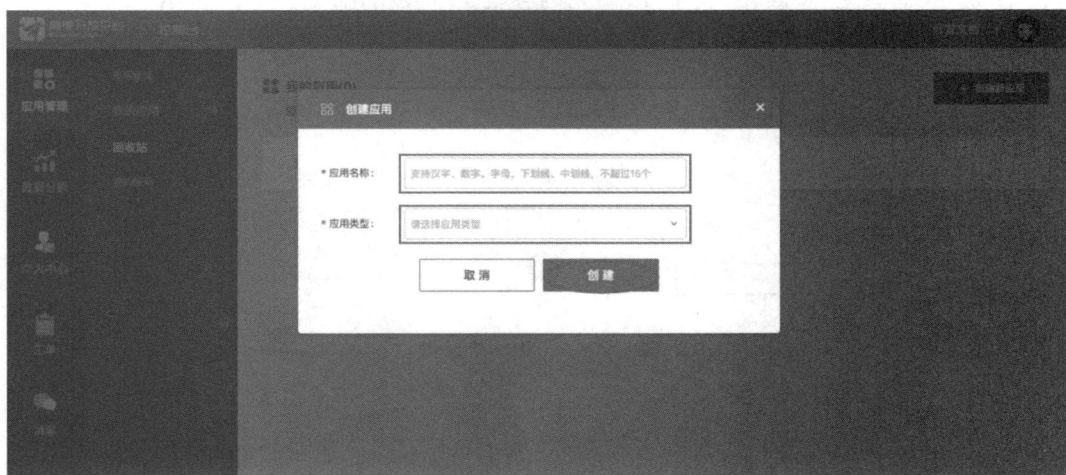

图4-8　填写应用信息

2）添加新Key

在创建的应用上点击"添加新Key"按钮,在弹出的对话框中,依次输入应用名的名称,选择绑定的服务平台为"Android平台",输入发布版安全码SHA1、调试版安全码SHA1,以及Package,如图4-9所示。单击"提交"按钮,即可生成安全密钥。

图4-9　添加新Key

①"Key名称":可以自由定义,如果定义失败,可以参考右侧的"命名规范"。
②"服务平台":选择"Android平台"。
③"发布版安全码SHA1":使用"步骤2 获取SHA1"中取得的SHA1码。
④"PackageName":使用"步骤3 获取PackageName"中取得的PakageName。

3）取得开发密钥

回到"我的应用"页面,列表中"Key"列内容就是开发密钥,如图4-10所示。

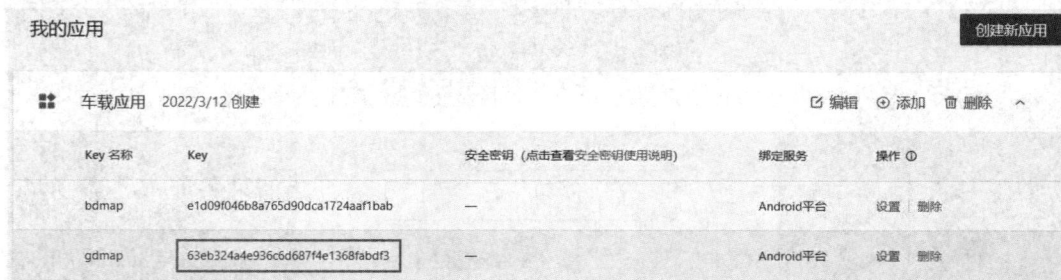

图4-10　取得开发密钥

步骤5:下载地图安装包

打开Android地图SDK的官网下载页面,如图4-11所示。单击"Android 地图 SDK"选项卡,并在"开发包定制下载"处选择开发所需的类库,最后单击"下载"按钮即可。

| Android 地图SDK | Android 地图SDK旧版 | AAR包下载 |

⚠ 注意

1、由于安全策略全新升级，自高德地图 Android SDK V2.3.0版本(含)起，需要使用新版Key。旧版Key只适用于V2.3.0(不含
益，请立刻申请新版Key>>

2、2D 地图 SDK：采用栅格数据，支持基本地图展示以及点、线、面等覆盖图和图层的绘制

3、3D 地图 SDK：采用矢量数据，效果好、更新快，有离线地图，支持基本地图展示以及点、线、面等覆盖图和图层的绘制

4、搜索功能：支持POI搜索、（驾车、公交、步行）路径规划、地址和坐标转换、行政区划查询、LBS云检索等功能

5、不建议将2D地图与3D地图放置在同一个工程中使用

☁ 相关下载

Android地图SDK 一键下载

包括：开发包（2D地图包、3D地图包、搜索包）、示例代码、开发文档（2D地图、3D地
图、搜索服务）等。

下载必读（点击查阅）

下载

开发包定制下载

开发者可自主选择功能，系统自动合并代码，生成一个包含多个功能的定制开发包，大大减小了包的体积。

✓ 地图SDK	✓ 定位SDK V6.0.0	✓ 猫鹰SDK V1.4.0
✓ 地图功能		
● 3D地图 V9.1.0		
○ 2D地图 V6.0.0		
✓ 搜索功能 V8.1.0		

下载

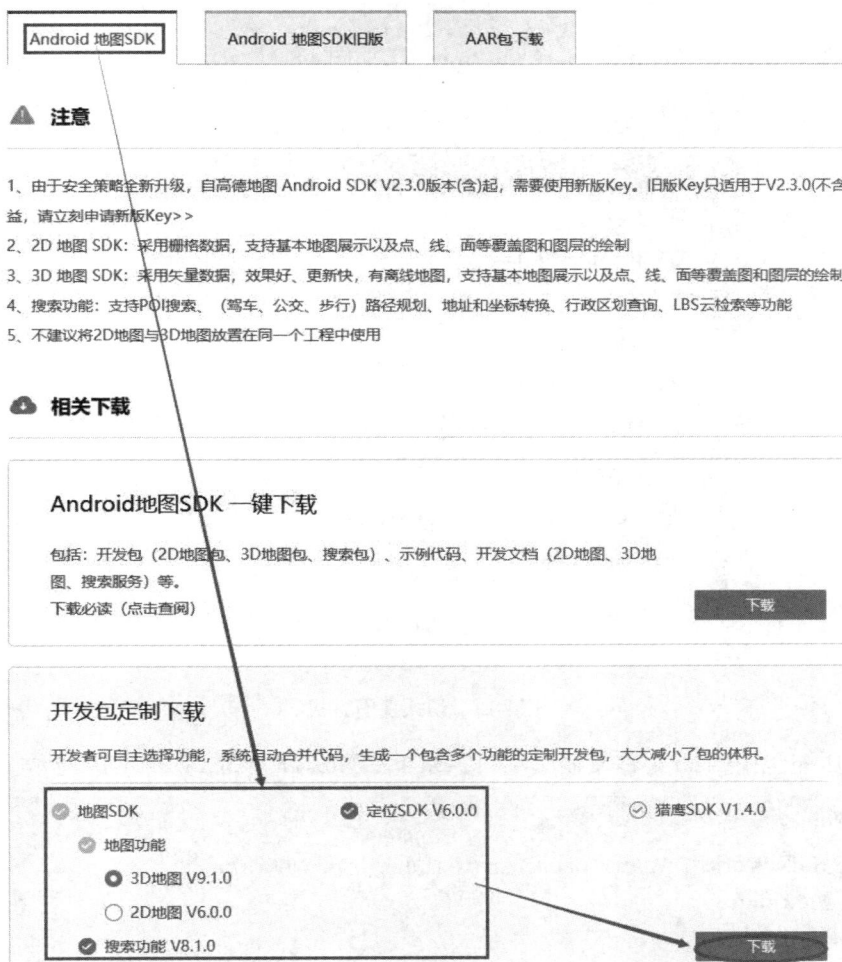

图4-11 下载地图安装包

步骤6：安装地图安装包

1）解压文件

下载完毕后，得到一个zip的压缩包，解压后得到一组文件夹和一个jar文件，如图4-12
所示。

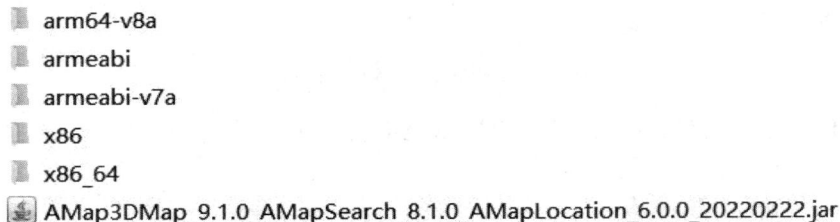

arm64-v8a

armeabi

armeabi-v7a

x86

x86_64

AMap3DMap_9.1.0_AMapSearch_8.1.0_AMapLocation_6.0.0_20220222.jar

图4-12 安装地图安装包

2)导入jar包

①将视图方式从"Android"切换到"Project",如图4-13所示。

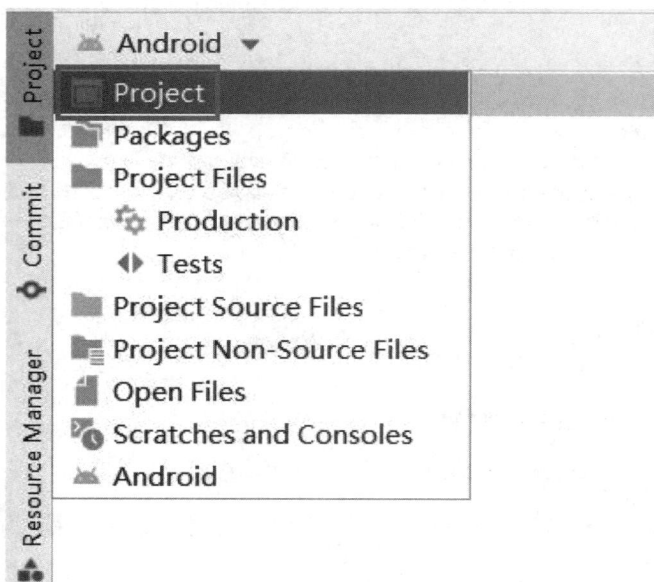

图4-13　切换视图方式

②将压缩包中的jar文件复制到项目目录下的"libs"目录中,如图4-14所示。

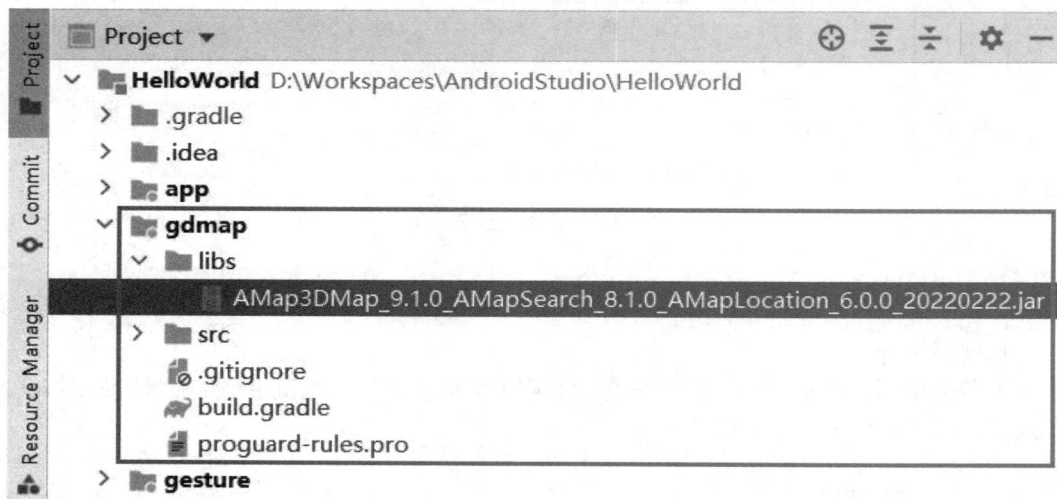

图4-14　复制jar文件到libs目录下

③右键单击jar文件,在弹出菜单中选择"Add As Librar"菜单项,如图4-15所示。

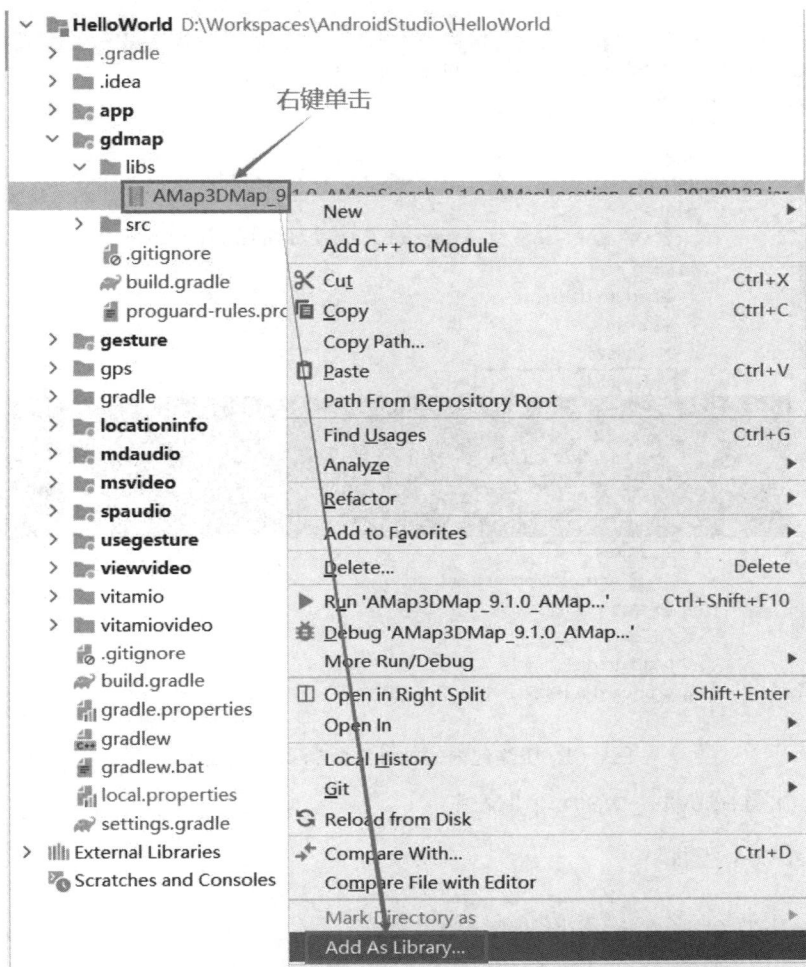

图4-15　Add As Library

④弹出"Create Library"对话框,单击"确定"按钮,如图4-16所示。

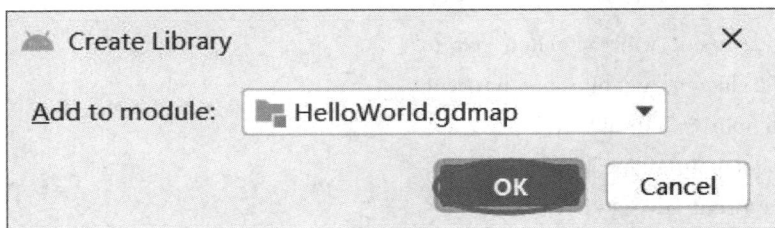

图4-16　Create Library

3)导入so文件

压缩包中除了jar文件,还有一组文件夹,文件夹内保存的都是.so格式文件。在项目目录下的"src－main"目录中,创建"jniLibs"目录,并把包含.so格式文件的目录复制到"jniLibs"目录内,如图4-17所示。

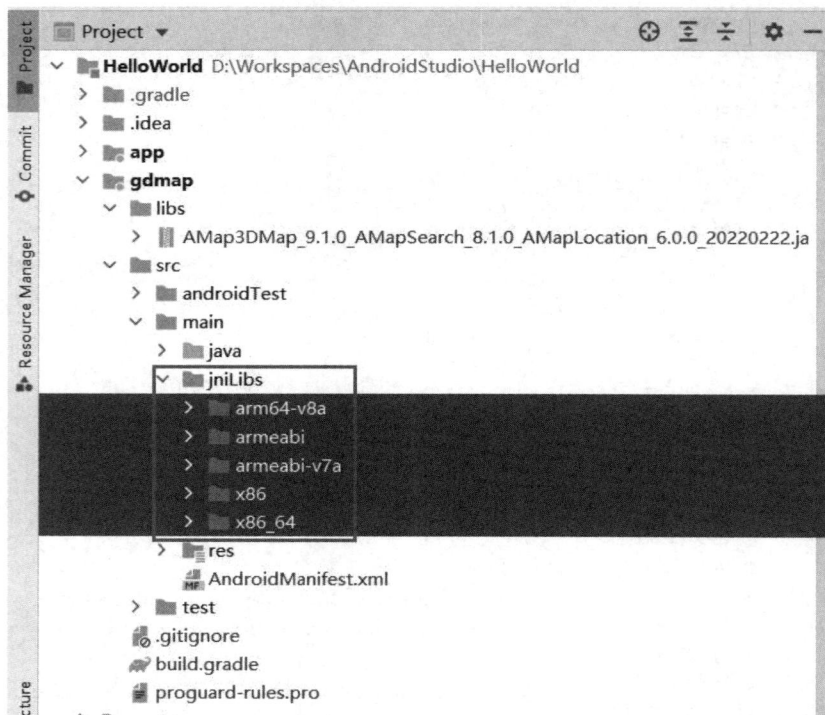

图4-17 压缩包内的文件夹复制到jniLibs内

步骤7:配置activity_main.xml文件

添加MapView组件。

```xml
<?xml version="1.0" encoding="utf-8"?>
<androidx.constraintlayout.widget.ConstraintLayout xmlns:android="http://schemas.android.
com/apk/res/android"
    xmlns:app="http://schemas.android.com/apk/res-auto"
    xmlns:tools="http://schemas.android.com/tools"
    android:layout_width="match_parent"
    android:layout_height="match_parent"
    tools:context=".MainActivity">
    <com.amap.api.maps.MapView
        android:id="@+id/map"
        android:layout_width="match_parent"
        android:layout_height="match_parent"/>
</androidx.constraintlayout.widget.ConstraintLayout>
```

步骤8:编辑MainActivity.java文件,重写onCreate方法

①显示地图。

②显示定位蓝点。

③管理地图生命周期。

```
package com.dr.gdmap;
import android.os.Bundle;
import androidx.appcompat.app.AppCompatActivity;
import com.amap.api.maps.AMap;
import com.amap.api.maps.CameraUpdateFactory;
import com.amap.api.maps.MapView;
import com.amap.api.maps.MapsInitializer;
import com.amap.api.maps.model.MyLocationStyle;
public class MainActivity extends AppCompatActivity {
    MapView mMapView = null;
    AMap aMap = null;
    @Override
    protected void onCreate(Bundle savedInstanceState) {
        super.onCreate(savedInstanceState);
        setContentView(R.layout.activity_main);
        //---------------------更新隐私合规状态----------------------
        MapsInitializer.updatePrivacyShow(getApplicationContext(), true, true);
        MapsInitializer.updatePrivacyAgree(getApplicationContext(), true);
        //-------------------------显示地图-------------------------
        //获取地图控件引用
        mMapView = (MapView) findViewById(R.id.map);
        //在 activity 执行 onCreate 时执行 mMapView.onCreate(savedInstanceState),创
        建地图
        mMapView.onCreate(savedInstanceState);
        if (aMap == null) {
            aMap = mMapView.getMap();
        }
        //----------------------显示定位蓝点-----------------------
        MyLocationStyle myLocationStyle;
        myLocationStyle = new MyLocationStyle();//初始化定位蓝点样式类
        //连续定位、且将视角移动到地图中心点,定位点依照设备方向旋转,并且会
        跟随设备移动。(1 秒 1 次定位)如果不设置 myLocationType,默认也会执行
        此种模式。
        myLocationStyle.myLocationType(MyLocationStyle.LOCATION_TYPE_
        ROTATE);
        //设置连续定位模式下的定位间隔,只在连续定位模式下生效,单次定位模
         式下不会生效。单位为毫秒。
```

```
        myLocationStyle.interval(2000);
        myLocationStyle.myLocationType(MyLocationStyle.LOCATION_TYPE_
LOCATION_ROTATE);
        aMap.setMyLocationStyle(myLocationStyle);//设置定位蓝点的 Style
        //设置默认定位按钮是否显示,非必需设置。
        aMap.getUiSettings().setMyLocationButtonEnabled(true);
        // 设置为 true 表示启动显示定位蓝点,false 表示隐藏定位蓝点并不进行定
位,默认是 false。
        aMap.setMyLocationEnabled(true);
        aMap.moveCamera(CameraUpdateFactory.zoomTo(15));
    }
    //------------------------管理地图生命周期------------------------
    @Override
    protected void onDestroy() {
        super.onDestroy();
        //在 Activity 执行 onDestroy 时执行 mMapView.onDestroy(),销毁地图
        mMapView.onDestroy();
    }
    @Override
    protected void onResume() {
        super.onResume();
        //在 Activity 执行 onResume 时执行 mMapView.onResume (),重新绘制加载地图
        mMapView.onResume();
    }
    @Override
    protected void onPause() {
        super.onPause();
        //在 Activity 执行 onPause 时执行 mMapView.onPause (),暂停地图的绘制
        mMapView.onPause();
    }
    @Override
    protected void onSaveInstanceState(Bundle outState) {
        super.onSaveInstanceState(outState);
        //在 Activity 执行 onSaveInstanceState 时执行 mMapView.onSaveInstanceState
(outState),保存地图当前的状态
        mMapView.onSaveInstanceState(outState);
    }
}
```

步骤9：编辑AndroidManifest.xml文件

编辑"manifests"目录下，AndroidManifest.xml文件。

①设置高德Key，使用"步骤4：获取开发密钥"取得的开发密钥，添加到配置中。

```
<meta-data
    android:name="com.amap.api.v2.apikey"
    android:value="63eb324a4e936c6d687f4e1368fabdf3"></meta-data>
```

②添加访问权限<uses-permission>。

```
<?xml version="1.0" encoding="utf-8"?>
<manifest xmlns:android="http://schemas.android.com/apk/res/android"
    package="com.dr.gdmap">
    <!--允许程序打开网络套接字-->
    <uses-permission android:name="android.permission.INTERNET" />
    <!--允许程序设置内置 SD 卡的写权限-->
    <uses-permission android:name="android.permission.WRITE_EXTERNAL_STORAGE" />
    <!--允许程序获取网络状态-->
    <uses-permission android:name="android.permission.ACCESS_NETWORK_STATE" />
    <!--允许程序访问 Wi-Fi 网络信息-->
    <uses-permission android:name="android.permission.ACCESS_WIFI_STATE" />
    <!--允许程序读写手机状态和身份-->
    <uses-permission android:name="android.permission.READ_PHONE_STATE" />
    <!--允许程序访问 CellID 或 Wi-Fi 热点来获取粗略的位置-->
    <uses-permission android:name="android.permission.ACCESS_COARSE_LOCATION" />
    <application
        android:allowBackup="true"
        android:icon="@mipmap/ic_launcher"
        android:label="@string/app_name"
        android:roundIcon="@mipmap/ic_launcher_round"
        android:supportsRtl="true"
        android:theme="@style/Theme.Car">
        <activity
            android:name=".MainActivity"
            android:exported="true">
            <intent-filter>
                <action android:name="android.intent.action.MAIN" />
                <category android:name="android.intent.category.LAUNCHER" />
            </intent-filter>
```

```
        </activity>
        <meta-data
            android:name="com.amap.api.v2.apikey"
            android:value="63eb324a4e936c6d687f4e1368fabdf3"></meta-data>
    </application>
</manifest>
```

步骤10：Android模拟器权限配置

首次启动项目，可能会因为应用权限的问题而得到错误提示，这就需要开启访问存储设备的权限。配置方法请参见2.2节中的"任务实施"下的"步骤9"中所述内容。

模拟器中，只能显示地图，但无法显示定位蓝点，如图4-18所示。

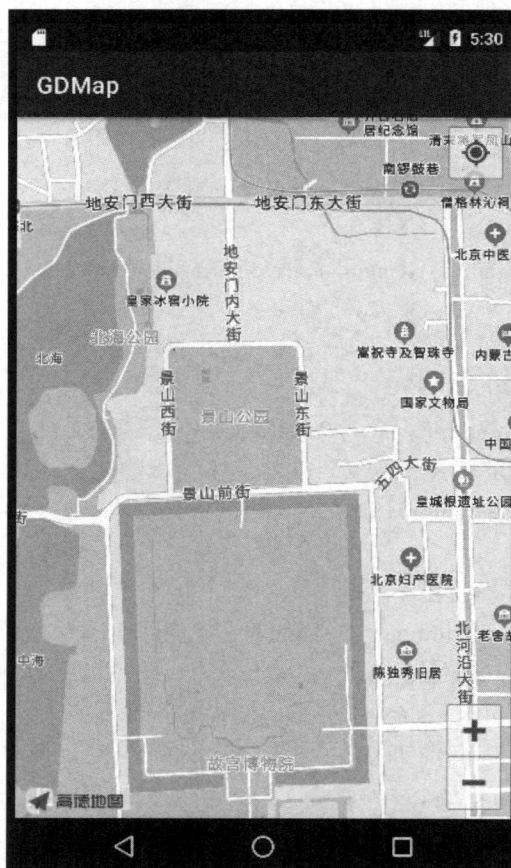

图4-18　App显示地图

要想看到定位蓝点，需要连接手机，并把App发布到手机上运行，就定位蓝点了。

4.4　项目小结

　　学习掌握如何使用LocationManager取得LocationProvider，使用LocationManager获取定位信息，并通过使用高德Android SDK显示地图及获取定位。LocationManager系统服务是位置服务的核心组件，它提供了一系列方法来处理与位置相关的问题，比如查询上一个已知位置，定期更新设备的地理位置，或者当设备进入给定地理位置附近时，触发应用指定意图。掌握高德地图 Android SDK，它是一套地图开发调用接口，开发者可以使用该套SDK在自己的Android应用中轻松地开发适用于Android系统移动设备的地图应用。

4.5　拓展练习

　　连接手机真机，将GDMap项目发布到手机中运行，并观察运行结果。(△)

项目5
智能网联车载系统启动界面及仪表盘项目实现 ……◎

项目概述

    HMI 是 Human Machine Interface 的缩写,即"人机接口",也称为人机界面。凡是参与人机信息交流的领域都存在着人机界面。智慧城市的建设趋势越来越显著,政府对于汽车智能化、信息化发展非常重视。汽车驾驶体验感与个性化的设计,也就成了用户对汽车选购的参考和方向,自从对用户体验的重视,人机交互设计工作内容也就成为重要环节。

    任何人机界面的产品都有系统软件部分,系统软件运行在HMI的处理器中,支持多任务处理功能,一个布局合理、美观大方的电子仪表界面是必不可少的。

所支撑的职业技能

    通过本项目的学习,能够掌握如何实现系统启动时,出现欢迎界面闪现和通过装载并读取JSON文件,实现数据的动态加载。

重点与难点

◇重点
- 了解 mipmap 的作用及使用技巧。
- 掌握系统启动欢迎界面的方法。
- 掌握设置应用全屏显示的方法。
- 了解 JSON 的基本概念。
- 掌握读取 JSON 数据的方法。
- 掌握解析 JSON 对象的方法。

◇难点
- 如何读取 JSON 数据。
- 如何对 JSON 对象进行解析。

5.1　实现系统启动界面

任务描述

通过本任务的学习,掌握如何制作车载系统启动欢迎界面加载仪表盘的方法。

任务要求

①了解 mipmap 的作用及使用技巧。
②掌握系统启动欢迎界面的方法。
③掌握设置应用全屏显示的方法。

相关知识

使用 Android Studio 来新建一个项目,生成的 mipmap 目录结构,如图 5-1 所示。

Android 在 API level 17 加入了 mipmap 技术,对 bitmap 图片的渲染支持 mipmap 技术,来提高渲染的速度和质量。

mipmap 是一种很早就有的技术了(纹理映射技术),Android 中的 mipmap 技术主要为了应对图片大小缩放的处理,在 Android 中提供一个 bitmap 图片,由于应用的需要(比如缩放动画),可能对这个 bitmap 进行各种比例的缩小,为了提高缩小的速度和图片的质量,Android 通过 mipmap 技术提前对按缩小层级生成图片预先存储在内存中,这样就提高了图片渲染的速度和质量。

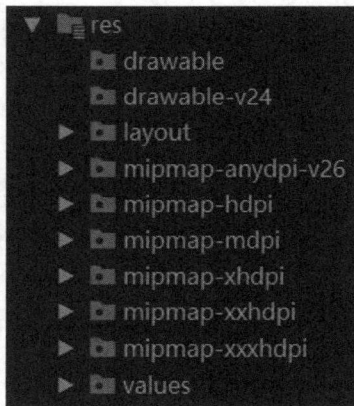

图5-1　mipmap**目录**

在API中通过Bitmap的setHasMipMap(boolean hasMipMap)方法可以让系统渲染器尝试开启 Bitmap 的 mipmap 技术。但是这个方法只能建议系统开启这个功能,至于是否开启,还是由系统决定。res 目录下面 mipmap 和 drawable 的区别也就是上面这个设置是否开启。

mipmap 目录下的图片默认 setHasMipMap 为 true,drawable 默认 setHasMipMap 为 false。

Android 建议在每一种分辨率的文件夹下面都放一个相应尺寸的 icon。将 icon 放置在 mipmap 文件夹还可以让程序的 launcher 图标自动拥有跨设备密度展示的能力,比如说一台屏幕密度是 xxhdpi 的设备,可以自动加载 mipmap-xxxhdpi 下的 icon 作为应用程序的 launcher 图标,这样图标看上去就会更加细腻。

除此之外,对于每种密度下的 icon 应该设计成什么尺寸其实 Android 也给出了最佳建议,icon 的尺寸最好不要随意设计,因为过低的分辨率会造成图标模糊,而过高的分辨率只会徒增 APK 大小。建议尺寸见表 5-1 所示。

表5-1 密度类型与分辨率换算

密度类型	代表的分辨率/px	屏幕密度/dpi	换算（dp/px）	比例
低密度（ldpi）	240×320	120	1dp=0.75px	3
中密度（mdpi）	320×480	160	1dp=1px	4
高密度（hdpi）	480×800	240	1dp=1.5px	6
超高密度（xhdpi）	720×1280	320	1dp=2px	8
超超高密度（xxhdpi）	1080×1920	480	1dp=3px	12

可以使用如下方法先获取到屏幕的dpi值。

```
float xdpi = getResources().getDisplayMetrics().xdpi;
float ydpi = getResources().getDisplayMetrics().ydpi;
Log.e("tag", "-----xdpi=" + xdpi); //xdpi=397.565
Log.e("tag", "-----ydpi=" + ydpi); //ydpi=396.24
```

上述代码中，xdpi代表屏幕宽度的dpi值，ydpi代表屏幕高度的dpi值，通常这两个值都是近乎相等或者极其接近的，在手机上这两个值都约等于397。dpi数值范围与密度的对照见表5-2。

表5-2 dpi数值范围与密度的对照

dpi范围	密度
0dpi ~ 120dpi	ldpi
120dpi ~ 160dpi	mdpi
160dpi ~ 240dpi	hdpi
240dpi ~ 320dpi	xhdpi
320dpi ~ 480dpi	xxhdpi
480dpi ~ 640dpi	xxxhdpi

（1）mipmap和drawable的使用区别

mipmap和drawable文件夹都是用来放置图片的，但也有所不同。

①将生成的图片文件置于"res/"下的相应子目录中，系统将自动根据运行应用的设备的屏幕密度选取正确的文件。之后，每当引用"@drawable/awesomeimage"时，系统便会根据屏幕dpi选择相应的位图。

```
res/...
drawable-xhdpi
        awesomeimage.png
```

```
drawble-hdpi
            awesomeimage.png
......
```

②将启动器图标置于 mipmap/ 文件夹中。

```
res/...
      mipmap-ldpi/...
            finished_launcher_asset.png
      mipmap-mdpi/...
            finished_launcher_asset.png
      mipmap-hdpi/...
            finished_launcher_asset.png
      mipmap-xhdpi/...
            finished_launcher_asset.png
      mipmap-xxhdpi/...
            finished_launcher_asset.png
      mipmap-xxxhdpi/...
            finished_launcher_asset.png
```

（2）系统启动欢迎界面的方法

打开一个应用程序时，会有一个类似欢迎的界面，称为 SplashActivity。一般在这个页面可以做一些 App 数据初始化的工作。实现的效果当系统启动后，进入 SplashActivity，经过 1~2 秒跳转到程序的主界面。

制作系统启动界面的基本步骤。

①制作启动界面布局文件。

```xml
<?xml version="1.0" encoding="utf-8"?>
<LinearLayout xmlns:android="http://schemas.android.com/apk/res/android"
      android:layout_width="match_parent"
      android:layout_height="match_parent"
      android:orientation="vertical" >
      <ImageView
            android:layout_width="match_parent"
            android:layout_height="wrap_content"
            android:src="@drawable/ic_launcher" />
</LinearLayout>
```

②修改 AndroidManifest.xml 文件。

```
...
            <activity
                android:name=".SplashActivity"
                android:label="splash" >
                <intent-filter>
                    <action android:name="android.intent.action.MAIN" />
                    <category android:name="android.intent.category.LAUNCHER" />
            </intent-filter>
            </activity>
            <activity
                android:name=".MainActivity"
                android:label="@string/app_name" >
            </activity>
...
```

③制作启动界面Activity类。

```
handler = new Handler();
// 延迟 SPLASH_DISPLAY_LENGHT 时间然后跳转到 MainActivity
handler.postDelayed(new Runnable() {
        @Override
        public void run() {
                Intent intent = new Intent(SplashActivity.this,
                MainActivity.class);
                startActivity(intent);
                SplashActivity.this.finish();
        }
}, SPLASH_DISPLAY_LENGHT);
```

(3)设置应用全屏显示的方法

车载应用,通常需要全屏显示内容。设置全屏显示通常包括两个部分:隐藏标题栏和隐藏状态栏。

隐藏标题栏通常有两种方式:

①重写 Activity 的 onCreate 方法。

```
ActionBar actionBar = getSupportActionBar();
if (actionBar != null) {
```

```
        actionBar.hide();
}
```

②配置AndroidMainfest文件。

在"res"-"values"-"styles"中加入以下代码。

```
<style name="MainStyle" parent="Theme.AppCompat.Light.NoActionBar"/>
```

然后在需要隐藏标题栏的activity标签声明中,加入以下代码即可。

android:theme="@style/MainStyle"

隐藏状态栏的基本步骤:

①AndroidManifest文件中设置主题为NoActionBar或者setContentView之前使用requestWindow设置无标题。

②在Activity的onCreate()中加入以下代码。

```
if (Build.VERSION.SDK_INT >= Build.VERSION_CODES.LOLLIPOP) {
    getWindow().addFlags(WindowManager.LayoutParams.FLAG_DRAWS_SYSTEM_
    BAR_BACKGROUNDS);
    getWindow().clearFlags(WindowManager.LayoutParams.FLAG_TRANSLUCENT_
    STATUS);
    getWindow().addFlags(WindowManager.LayoutParams.FLAG_FULLSCREEN);
} else {
    getWindow().addFlags(WindowManager.LayoutParams.FLAG_TRANSLUCENT_
    STATUS);
}
```

③在Activity的布局文件根标签下加入以下代码。

```
android:fitsSystemWindows="true"
```

④如果想在App启动图时,进入页面后白屏闪烁才可以看到启动页图片,可以在当前Activity的Theme中加入以下代码。

```
<style name="LauncherTheme" parent="@android:style/Theme.Light.NoTitleBar.Fullscreen">
    <item name="android:windowBackground">@mipmap/ic_appstart</item>
</style>
```

任务实施

步骤1:新建应用

创建新的Module,名称为"LoadJson"。关于创建Module具体细节,请参见1.2节中的"任务实施"下的"步骤1:新建应用"所述内容。

步骤2:导入图片文件

将界面设计所需的图片复制到项目目录下"res"–"mipmap"目录中。Android Studio会根据图片的分辨率给出建议使用的目录,这里选择"xhdpi",如图5-2所示。

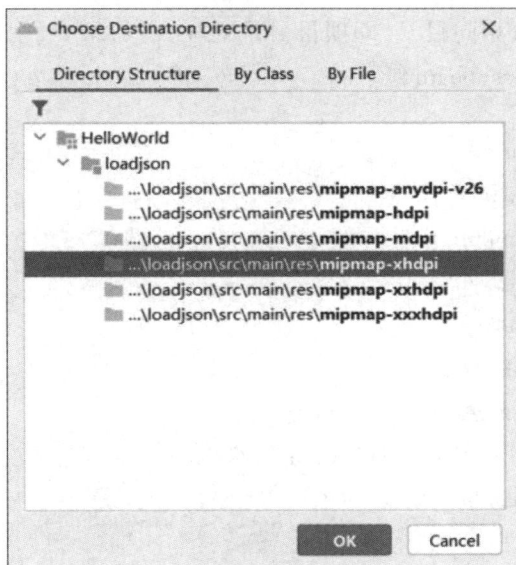

图5-2　复制图片到xhdpi目录

步骤3:添加系统启动欢迎界面的布局文件

与activity_main.xml相同目录,即项目目录下"res"–"layout"目录中,创建配置文件activity_splash.xml。

```xml
<?xml version="1.0" encoding="utf-8"?>
<LinearLayout xmlns:android="http://schemas.android.com/apk/res/android"
    android:layout_width="match_parent"
    android:layout_height="match_parent"
    android:background="@mipmap/bg"
    android:orientation="vertical">
    <TextView
```

```
            android:layout_width="match_parent"
            android:layout_height="match_parent"
            android:gravity="center"
            android:text="智能网联车载系统"
            android:textColor="#ff4d00"
            android:textSize="60dp"
            android:textStyle="bold|italic" />
</LinearLayout>
```

步骤4：添加系统启动欢迎界面 Activity 文件

与 MainActivity.java 相同目录，即项目目录下"java"目录中，创建 SplashActivity.java 文件，这个文件在 com.dr.dashboard 包下。

```
package com.dr.loadjson;
import android.app.Activity;
import android.content.Intent;
import android.os.Bundle;
import android.os.Handler;
import android.view.KeyEvent;
public class SplashActivity extends Activity {
    private final int SPLASH_DISPLAY_LENGHT = 3000;//定义欢迎界面停留时间
    private Handler handler;//处理对象
    @Override
    protected void onCreate(Bundle savedInstanceState) {
        super.onCreate(savedInstanceState);
        setContentView(R.layout.activity_splash);
        handler = new Handler();
        // 延迟 SPLASH_DISPLAY_LENGHT 时间然后跳转到 MainActivity
        handler.postDelayed(new Runnable() {
            @Override
            public void run() {
                Intent intent = new Intent(SplashActivity.this,
                MainActivity.class);
                startActivity(intent);//启动欢迎界面
                SplashActivity.this.finish();//启动完成
            }
```

```
        }, SPLASH_DISPLAY_LENGHT);//延时 3 秒
    }
    //为了防止进入主界面后，出现后退按钮退回欢迎界面，可以通过重写
onKeyDown 方法进行阻止
    @Override
    public boolean onKeyDown(int keyCode, KeyEvent event) {
        if (keyCode == KeyEvent.KEYCODE_BACK) {
            return true;
        }
        return super.onKeyDown(keyCode, event);
    }
}
```

步骤 5：配置 AndroidManifest.xml 文件

```
<?xml version="1.0" encoding="utf-8"?>
<manifest xmlns:android="http://schemas.android.com/apk/res/android"
    package="com.dr.loadjson">
    <application
        android:allowBackup="true"
        android:icon="@mipmap/ic_launcher"
        android:label="@string/app_name"
        android:roundIcon="@mipmap/ic_launcher_round"
        android:supportsRtl="true"
        android:theme="@style/Theme.HelloWorld">
    <activity
            android:name=".SplashActivity"
            android:exported="true"
            android:label="splash">
            <intent-filter>
                <action android:name="android.intent.action.MAIN" />
                <category android:name="android.intent.category.LAUNCHER" />
            </intent-filter>
        </activity>
        <activity
            android:name=".MainActivity"
```

```
        android:exported="true">
            <intent-filter>
                <action android:name="android.intent.action.MAIN" />
                <category android:name="android.intent.category.LAUNCHER" />
            </intent-filter>
        </activity>
    </application>
</manifest>
```

步骤6：取消界面标题栏

修改项目目录下"res"–"values"–"themes"目录中 themes.xml 及 themes.xml（night）文件，隐藏标题栏和状态栏。

```
<resources xmlns:tools="http://schemas.android.com/tools">
    <!-- Base application theme. -->
    <style name="Theme.Dashboard" parent="Theme.MaterialComponents.DayNight.DarkActionBar">
        <!-- Primary brand color. -->
        <item name="colorPrimary">@color/purple_500</item>
        <item name="colorPrimaryVariant">@color/purple_700</item>
        <item name="colorOnPrimary">@color/white</item>
        <!-- Secondary brand color. -->
        <item name="colorSecondary">@color/teal_200</item>
        <item name="colorSecondaryVariant">@color/teal_700</item>
        <item name="colorOnSecondary">@color/black</item>
        <!-- Status bar color. -->
        <item name="android:statusBarColor" tools:targetApi="l">
        ?attr/colorPrimaryVariant</item>
        <!-- Customize your theme here. -->
        <item name="android:windowNoTitle">true</item>
        <item name="windowNoTitle">true</item>
        <item name="android:windowFullscreen">true</item>
    </style>
</resources>
```

步骤7：启动模拟器查看运行效果

单击运行项目按钮，启动模拟器，查看运行效果，如图5-3所示。

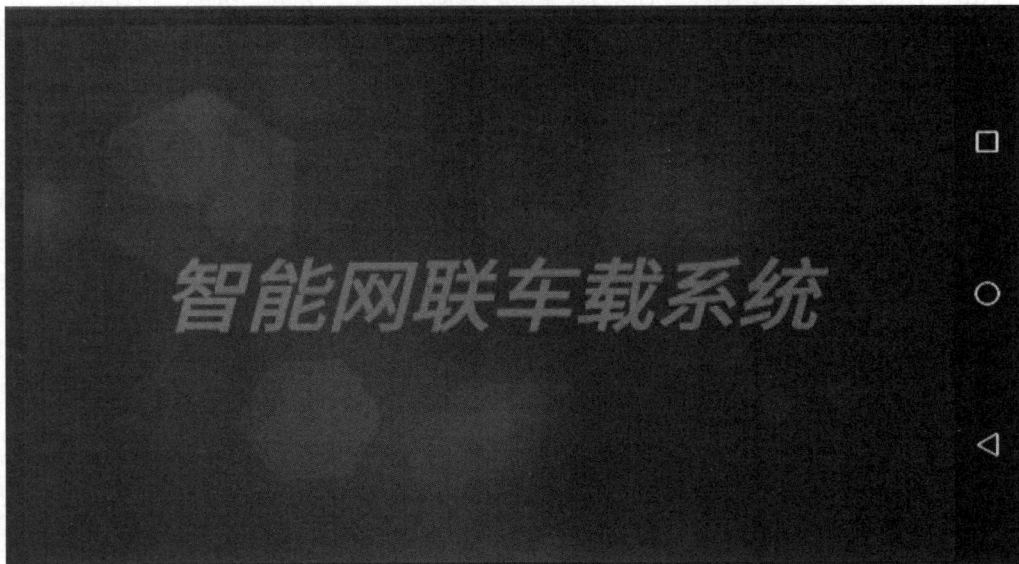

图5-3 查看运行效果

5.2 实现JSON数据的读取

任务描述

通过本任务的学习，掌握如何加载并读取JSON的方法。

任务要求

①了解JSON的基本概念。
②掌握读取JSON数据的方法。
③掌握解析JSON对象的方法。

相关知识

（1）JSON的基本概念

JSON（JavaScript Object Natation）是一种轻量级的数据交换格式，与XML一样，广泛用来解决客户端和服务端的交互，具有良好的可读和便于快速编写的特性。

JSON中只有两种结构：对象和数组。

1）对象

对象在JavaScript中表示为"{}"括起来的内容，数据结构为 {key:value,key:value,…} 的键值对的结构，在面向对象的语言中，key为对象的属性，value为对应的属性值，所以很容易理解，取值方法为"对象.key"来获取属性值，这个属性值的类型可以是数字、字符串、数组、对象几种。

2）数组

数组在JavaScript中是用中括号"[]"括起来的内容，数据结构为 ["java","javascript"，"vb",…]，取值方式和所有语言中一样，使用索引获取，字段值的类型也可以是数字、字符串、数组、对象几种。

JSON的值可以是：

• 数字（整数或者浮点数）。

• 字符串（在双引号内）。

• 逻辑值（true 或 false）。

• 数组（使用方括号包围）。

• 对象（使用花括号包围）。

• null。

代码示例：

```
[
    { "id":"1","name":"小李","age":"18" },
    { "id":"2","name":"小王","age":"18"  },
    { "id":"3","name":"小曹","age":"18" }
]
```

（2）Android提供的JSON解析类

在org.json包下是一些Android提供的基本的JSON解析类：

• JSONObject：Json对象，可以完成Json字符串与Java对象的相互转换。

• JSONArray：Json数组，可以完成Json字符串与Java集合或对象的相互转换。

• JSONStringer：Json文本构建类，这个类可以帮助快速和便捷地创建JSON text，每个JSONStringer实体只能对应创建一个JSON text。

• JSONTokener：Json解析类。

• JSONException：Json异常。

1）JSONObject

它可以看作一个json对象，这是系统中有关JSON定义的基本单元，其包含一对儿（Key/Value）数值。

它对外部（External：应用toString方法输出的数值）调用的响应体现为一个标准的字符串（例如：{"JSON"："Hello，World"}，最外被大括号包裹，其中的 Key 和 Value 被":"分隔）。其对于内部（Internal）行为的操作格式略微，例如：初始化一个JSONObject实例，引用内部的 put 方法添加数值：new JSONObject（）.put（"JSON"，"Hello，World！"），在 Key 和 Value 之间是以","分隔。

Value 的 类 型 包 括：Boolean、JSONArray、JSONObject、Number、String 或 者 默 认 值 JSONObject.NULL object。

有两个不同的取值方法：

- get（）：在确定数值存在的条件下使用，否则当无法检索到相关 Key 时，将会抛出一个 Exception 信息。
- opt（）：这个方法相对比较灵活，当无法获取所指定数值时，将会返回一个默认数值，并不会抛出异常。

```
JSONObject  jsonObject  =  new  JSONObject("{\"first_name\": \"Taylor\", \"last_name\":
\"swifter\"}");
String firstName = jsonObject.getString("first_name");
String lastName = jsonObject.getString("last_name");
Log.i("swifter", firstName + " " + lastName);  //输出 Taylor swifter
jsonObject.put("first_name", "Avril");
Log.i("swifter", jsonObject.toString());  //输出 {"first_name":"Avril","last_name":"swifter"}
```

2）JSONArray

它代表一组有序的数值。将其转换为 String 输出（toString）所表现的形式是用方括号包裹，数值以","分隔（例如：[value1，value2，value3]，用户可利用简短的代码更加直观地了解其格式）。这个类的内部同样具有查询行为，get（）和 opt（）两种方法都可以通过 index 索引返回指定的数值，put（）方法用来添加或者替换数值。

同样这个类的 Value 类型可以包括：Boolean、JSONArray、JSONObject、Number、String 或者默认值 JSONObject.NULL object。

```
JSONArray jsonArray = new JSONArray("[10,11,12,13,14,15,16]");
for(int index = 0; index < jsonArray.length(); index++) {
      Log.i("swifter", index+" : "+jsonArray.getInt(index));
}
JSONObjectjsonObject=newJSONObject("{\"first_name\":\"Taylor\",\"last_name\":
                              \"swifter\",\"array\":[first, second, third, fourth]}");
JSONArray jsonArray = jsonObject.getJSONArray("array");
for(int index = 0; index < jsonArray.length(); index++) {
      Log.i("swifter", index+" : "+jsonArray.getString(index));
}
```

3）JSONStringer

根据官方的解释，这个类可以帮助快速和便捷地创建 JSON text。其最大的优点在于可以减少由于格式的错误导致程序异常,引用这个类可以自动严格按照JSON语法规则(syntax rules)创建JSON text。每个JSONStringer实体只能对应创建一个JSON text。

```
String myString = new JSONStringer().object().key("name").value("小猪").endObject().toString();
```

- 如果是一组标准格式的JSON text:{"name" :"小猪"}
- 其中的.object()和.endObject()必须同时使用,是为了按照Object标准给数值添加边界。同样,针对数组也有一组标准的方法来生成边界.array()和.endArray()。

```
JSONStringer jsonStringer = new JSONStringer();
jsonStringer.object().key("first_name").value("Taylor").key("last_name").value("swifter");
jsonStringer.key("array").array().value(12).value(13).value(14).endArray().endObject();
//输出{"first_name":"Taylor","last_name":"swifter","array":[12,13,14]}
Log.i("swifter", jsonStringer.toString());
```

4)JSONTokener

这个是系统为JSONObject和JSONArray构造器解析JSON source string的类,它可以从source string中提取数值信息。

```
String json = "{"
        + "  \"query\": \"Pizza\", "
        + "  \"locations\": [ 94043, 90210 ] "
        + "}";
JSONObject object = (JSONObject) new JSONTokener(json).nextValue();
String query = object.getString("query");
JSONArray locations = object.getJSONArray("locations");
```

5)JSONException

这个是JSON.org类抛出的异常信息。

(3)读取JSON数据的方法

```
// 获得 assets 资源管理器(assets 中的文件无法直接访问,可以使用 AssetManager 访问)
AssetManager assetManager = getAssets();
InputStreamReader inputStreamReader = new InputStreamReader(assetManager. open("test.
        json"), "UTF-8"); // 使用 IO 流读取 json 文件内容
BufferedReader br = new BufferedReader(inputStreamReader);
String line;
StringBuilder builder = new StringBuilder();
while ((line = br.readLine()) != null) {
```

```
        builder.append(line);
}
br.close();
inputStreamReader.close();
```

(4)解析 JSON 对象方法

```
//将字符串内容的 JSON 数据封装成 JSON 对象
JSONObject objJson = new JSONObject(str_json);
String value = objJson.getString("data");              //根据 JSON 对象属性取得属性值
```

(5)示例程序

```
import java.io.ByteArrayOutputStream;
import java.io.InputStream;
import java.net.*;
import java.util.ArrayList;
import java.util.HashMap;
import java.util.List;
import java.util.Map;
import org.json.JSONArray;
import org.json.JSONObject;
import android.util.Log;
public class JSON {
    /**
     * 获取"数组形式"的 JSON 数据
     * 数据形式:[{"id":1,"name":"小猪"},{"id":2,"name":"小猫"}]
     * @param path 网页路径
     * @return 返回 List
     * @throws Exception
     */
    public static List<Map<String, String>> getJSONArray(String path) throws Exception {
        String json = null;
        List<Map<String, String>> list = new ArrayList<Map<String, String>>();
        Map<String, String> map = null;
        URL url = new URL(path);
        // 利用 HttpURLConnection 对象,可以从网络中获取网页数据
        HttpURLConnection conn = (HttpURLConnection) url.openConnection();
```

```
        conn.setConnectTimeout(5 * 1000); // 单位是毫秒, 设置超时时间为 5 秒
        // HttpURLConnection 是通过 HTTP 协议请求 path 路径的, 所以需要设置请
        求方式, 可以不设置, 因为默认为 GET
        conn.setRequestMethod("GET");
        if (conn.getResponseCode() == 200) {// 判断请求码是否是 200 码, 否则失败
            InputStream is = conn.getInputStream(); // 获取输入流
            byte[] data = readStream(is); // 把输入流转换成字符数组
            json = new String(data); // 把字符数组转换成字符串
            //数据形式 : [{"id":1,"name":"小猪","age":22},{"id":2,"name":"小猫",
            "age":23}]
            //数据直接为一个数组形式, 所以可以直接用 Android 提供的框架
            JSONArray 读取 JSON 数据, 转换成 Array
            JSONArray jsonArray = new JSONArray(json);
            for (int i = 0; i < jsonArray.length(); i++) {
                //每条记录又由几个 Object 对象组成
                JSONObject item = jsonArray.getJSONObject(i);
                int id = item.getInt("id"); // 获取对象对应的值
                String name = item.getString("name");
                map = new HashMap<String, String>(); // 存放到 MAP 里面
                map.put("id", id + "");
                map.put("name", name);
                list.add(map);
            }
        }
        // **********测试数据*****************
        for (Map<String, String> list2 : list) {
            String id = list2.get("id");
            String name = list2.get("name");
            Log.i("abc", "id:" + id + " | name:" + name);
        }
        return list;
    }
    /**
    * 获取"对象形式"的 JSON 数据
    * 数据形式 : {"total":2,"success":true,"arrayData":[{"id":1,"name":"小猪"},{"id":2,
    "name":"小猫"}]}
    * @param path 网页路径
    * @return 返回 List
    * @throws Exception
    */
```

```java
public static List<Map<String, String>> getJSONObject(String path) throws Exception {
    List<Map<String, String>> list = new ArrayList<Map<String, String>>();
    Map<String, String> map = null;
    URL url = new URL(path);
    HttpURLConnection conn = (HttpURLConnection) url.openConnection();// 利用
    HttpURLConnection 对象，可以从网络中获取网页数据
    conn.setConnectTimeout(5 * 1000); // 单位是毫秒，设置超时时间为 5 秒
    // HttpURLConnection 是通过 HTTP 协议请求 path 路径的，所以需要设置请
    求方式，可以不设置，因为默认为 GET
    conn.setRequestMethod("GET");
    if (conn.getResponseCode() == 200) {// 判断请求码是否是 200 码，否则失败
        InputStream is = conn.getInputStream(); // 获取输入流
        byte[] data = readStream(is); // 把输入流转换成字符数组
        String json = new String(data); // 把字符数组转换成字符串
        //数据形式：{"total":2,"success":true,"arrayData":[{"id":1,"name":"小猪"},
        {"id":2,"name":"小猫"}]}
        //返回的数据形式是一个 Object 类型，所以可以直接转换成一个
        Object
        JSONObject jsonObject=new JSONObject(json);
        int total=jsonObject.getInt("total");
        Boolean success=jsonObject.getBoolean("success");
        Log.i("abc", "total:" + total + " | success:" + success); //测试数据
        //里面有一个数组数据，可以用 getJSONArray 获取数组
        JSONArray jsonArray = jsonObject.getJSONArray("arrayData");
        for (int i = 0; i < jsonArray.length(); i++) {
            JSONObject item = jsonArray.getJSONObject(i); // 得到每个对象
            int id = item.getInt("id"); // 获取对象对应的值
            String name = item.getString("name");
            map = new HashMap<String, String>(); // 存放到 MAP 里面
            map.put("id", id + "");
            map.put("name", name);
            list.add(map);
        }
    }
    // **********测试数据**************
    for (Map<String, String> list2 : list) {
        String id = list2.get("id");
        String name = list2.get("name");
        Log.i("abc", "id:" + id + " | name:" + name);
    }
```

```
            return list;
    }
    /**
    * 获取类型复杂的 JSON 数据
    * 数据形式:
    {"name":"小猪",
    "age":23,
    "content":{"questionsTotal":2,
    "questions": [ { "question": "what's your name? ", "answer": " 小猪 "}, {"question":
    "what's your age", "answer": "23"}]
    }
    }
    * @param path 网页路径
    * @return 返回 List
    * @throws Exception
    */
    public static List<Map<String, String>> getJSON(String path) throws Exception {
        List<Map<String, String>> list = new ArrayList<Map<String, String>>();
        Map<String, String> map = null;
        URL url = new URL(path);
        // 利用 HttpURLConnection 对象,可以从网络中获取网页数据
        HttpURLConnection conn = (HttpURLConnection) url.openConnection();
        conn.setConnectTimeout(5 * 1000); // 单位是毫秒,设置超时时间为 5 秒
        // HttpURLConnection 是通过 HTTP 协议请求 path 路径的,所以需要设置请
        求方式,可以不设置,因为默认为 GET
        conn.setRequestMethod("GET");
        if (conn.getResponseCode() == 200) {// 判断请求码是否是 200 码,否则失败
            InputStream is = conn.getInputStream(); // 获取输入流
            byte[] data = readStream(is); // 把输入流转换成字符数组
            String json = new String(data); // 把字符数组转换成字符串
            /*数据形式:
            {
                "name":"小猪",
                "age":23,
                "content":{ "questionsTotal":2,
                            "questions": [ { "question": "what's your name?",
                                    "answer": "小猪"
                                },
                                {"question": "what's your age",
                                    "answer": "23"
```

```
                                }
                            ]
                        }
                    }
        */
        //返回的数据形式是一个 Object 类型,所以可以直接转换成一个 Object
        JSONObject jsonObject=new JSONObject(json);
        String name=jsonObject.getString("name");
        int age=jsonObject.getInt("age");
        Log.i("abc", "name:" + name + " | age:" + age); //测试数据
        //获取对象中的对象
        JSONObject contentObject=jsonObject.getJSONObject("content");
        //获取对象中的一个值
        String questionsTotal=contentObject.getString("questionsTotal");
        Log.i("abc", "questionsTotal:" + questionsTotal); //测试数据
        //获取对象中的数组
        JSONArray contentArray=contentObject.getJSONArray("questions");
        for (int i = 0; i < contentArray.length(); i++) {
            JSONObject item = contentArray.getJSONObject(i); // 得到每个对象
            String question = item.getString("question"); // 获取对象对应的值
            String answer = item.getString("answer");
            map = new HashMap<String, String>(); // 存放到 MAP 里面
            map.put("question", question);
            map.put("answer", answer);
            list.add(map);
        }
    }
    // **********测试数据*****************
    for (Map<String, String> list2 : list) {
        String question = list2.get("question");
        String answer = list2.get("answer");
        Log.i("abc", "question:" + question + " | answer:" + answer);
    }
    return list;
}
/**
 * 把输入流转换成字符数组
 * @param inputStream 输入流
 * @return 字符数组
 * @throws Exception
```

```
*/
public static byte[] readStream(InputStream inputStream) throws Exception {
    ByteArrayOutputStream bout = new ByteArrayOutputStream();
    byte[] buffer = new byte[1024];
    int len = 0;
    while ((len = inputStream.read(buffer)) != −1) {
        bout.write(buffer, 0, len);
    }
    bout.close();
    inputStream.close();
    return bout.toByteArray();
}
}
```

任务实施

步骤1:导入JSON文件

右键单击项目,在弹出菜单中依次选择"New"→"Folder"→"Assets Folder",如图5-4所示,新建"assets"目录。

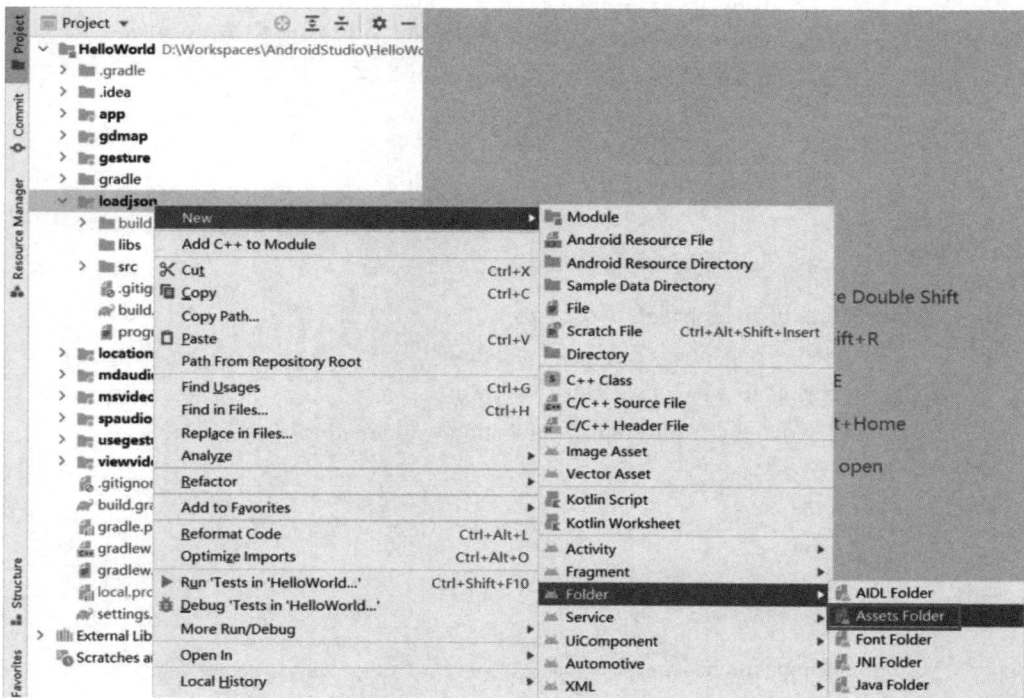

图5-4　创建assets目录

在"assets"目录中，创建 JSON 文件 dashboard.json。

```json
{

    "power": {
    "label": "剩余电量",
    "value": 68
    },
    "mileage": {
    "label": "总里程",
    "value": 28910
    }
}
```

步骤2：配置 activity_main.xml 文件

```xml
<?xml version="1.0" encoding="utf-8"?>
<androidx.constraintlayout.widget.ConstraintLayout xmlns:android="http://schemas.android.
com/apk/res/android"
    xmlns:app="http://schemas.android.com/apk/res-auto"
    xmlns:tools="http://schemas.android.com/tools"
    android:layout_width="match_parent"
    android:layout_height="match_parent"
    android:background="@mipmap/dashboard"
    tools:context=".MainActivity">
    <LinearLayout
        android:layout_width="match_parent"
        android:layout_height="match_parent"
        android:layout_marginLeft="325dp"
        android:gravity="center|left"
        android:orientation="vertical">
        <TextView
            android:id="@+id/tv_power_value"
            android:layout_width="wrap_content"
            android:layout_height="wrap_content"
            android:layout_marginTop="-25dp"
            android:textColor="#fff"
```

```
        android:textSize="24dp"
        app:layout_constraintBottom_toBottomOf="parent"
        app:layout_constraintLeft_toLeftOf="parent"
        app:layout_constraintRight_toRightOf="parent"
        app:layout_constraintTop_toTopOf="parent" />
    <TextView
        android:id="@+id/tv_power_label"
        android:layout_width="wrap_content"
        android:layout_height="wrap_content"
        android:textColor="#fff"
        android:textSize="13dp"
        app:layout_constraintBottom_toBottomOf="parent"
        app:layout_constraintLeft_toLeftOf="parent"
        app:layout_constraintRight_toRightOf="parent"
        app:layout_constraintTop_toTopOf="parent" />
    <TextView
        android:id="@+id/tv_mileage_value"
        android:layout_width="wrap_content"
        android:layout_height="wrap_content"
        android:layout_marginTop="20dp"
        android:textAlignment="viewStart"
        android:textColor="#fff"
        android:textSize="24dp" />
    <TextView
        android:id="@+id/tv_mileage_label"
        android:layout_width="wrap_content"
        android:layout_height="wrap_content"
        android:textColor="#fff"
        android:textSize="13dp"
        app:layout_constraintBottom_toBottomOf="parent"
        app:layout_constraintLeft_toLeftOf="parent"
        app:layout_constraintRight_toRightOf="parent"
        app:layout_constraintTop_toTopOf="parent" />
</LinearLayout>
</androidx.constraintlayout.widget.ConstraintLayout>
```

步骤3：编辑MainActivity.java文件

```java
package com.dr.loadjson;
import androidx.appcompat.app.AppCompatActivity;
import android.content.res.AssetManager;
import android.os.Bundle;
import android.widget.TextView;
import org.json.JSONException;
import org.json.JSONObject;
import java.io.BufferedReader;
import java.io.IOException;
import java.io.InputStreamReader;
public class MainActivity extends AppCompatActivity {
    @Override
    protected void onCreate(Bundle savedInstanceState) {
        super.onCreate(savedInstanceState);
        setContentView(R.layout.activity_main);
        try {
            AssetManager assetManager = getAssets(); // 获得 assets 资源管理器
            //使用 IO 流读取 json 文件内容
            InputStreamReader inputStreamReader = new InputStreamReader
            (assetManager.open("dashboard.json"), "UTF-8");
            //创建缓冲流对象
            BufferedReader br = new BufferedReader(inputStreamReader);
            String line;
            StringBuilder builder = new StringBuilder();
            while ((line = br.readLine()) != null) {
                builder.append(line); //一次读取一行
            }
            br.close();//关闭流，释放资源
            inputStreamReader.close();
            //将字符串内容的 JSON 数据封装成 JSON 对象
            JSONObject objJson = new JSONObject(builder.toString());
            // 取得电量信息
            JSONObject power = objJson.getJSONObject("power");//取得电量 JSON 对象
            //将 JSON 对象中取得的值，设置到界面 TextView 中：剩余电量
```

```
            //取得界面中的 TextView:剩余电量提示信息
            TextView tvPowerLabel = findViewById(R.id.tv_power_label);
            //取得 JSON 对象中的文字信息:剩余电量
            String powerLabel = power.getString("label");
            tvPowerLabel.setText(powerLabel); //设置 TextView 的值
            //取得界面中的 TextView:剩余电量
            TextView tvPowerValue = findViewById(R.id.tv_power_value);
            //取得 JSON 对象中的文字信息:电量值
            String powerValue = power.getString("value") + "%";
            tvPowerValue.setText(powerValue); //设置 TextView 的值
            // 取得总里程信息
            //取得总量程 JSON 对象
            JSONObject mileage = objJson.getJSONObject("mileage");
            //将 JSON 对象中取得的值,设置到界面 TextView 中:总里程
            //取得界面中的 TextView:总里程提示信息
            TextView tvMileageLabel = findViewById(R.id.tv_mileage_label);
            //取得 JSON 对象中的文字信息:总里程
            String mileageLabel = mileage.getString("label");
            tvMileageLabel.setText(mileageLabel); //设置 TextView 的值
            //取得界面中的 TextView:总里程
            TextView tvMileageValue = findViewById(R.id.tv_mileage_value);
            //取得 JSON 对象中的文字信息:里程值
            String mileageValue = mileage.getString("value") + "公里";
            tvMileageValue.setText(mileageValue); //设置 TextView 的值
        } catch (IOException e) {
            e.printStackTrace();
        } catch (JSONException e) {
            e.printStackTrace();
        }
    }
}
```

步骤4:启动模拟器查看运行效果

单击运行项目按钮,启动模拟器,查看运行效果,如图5-5所示。

图5-5　运行效果

5.3　项目小结

通过本项目的学习,能够掌握如何实现系统启动时欢迎界面闪现和通过装载并读取 JSON 文件,实现数据的动态加载,掌握如何制作加载仪表盘的方法。

5.4　拓展练习

编辑 dashboard.json 文件,添加天气信息数据,并让仪表盘上的天气信息显示为从 JSON 文件中读取的数据。(△)

项目6
智能AR人脸增强项目实现 ⋯⋯⋯⋯⋯⋯⋯⋯⋯⋯⋯⋯⋯⋯○

项目背景

　　AR导航是一种导航模式,它将地图、手机摄像头与AR技术深度结合,摄像头会将真实世界中的一切呈现在手机屏幕上,同时卡通人物、指示箭头等虚拟模型会叠加在现有图像上,这个虚拟模型可为行人指引方向。

所支撑的职业技能

　　通过本项目的学习,了解AR技术的基本概念和工作原理,了解谷歌公司是如何通过ARCore将AR技术应用于人脸增强,并理解AR导航的基本实现思路。

重点与难点

　　◇重点
  - 了解ARCore及开发环境。
  - 掌握如何取得ARCore SDK。
  - 掌握如何导入ARCore的示例应用。
  - 了解什么是增强图像。
  - 掌握如何导入增强面孔的示例应用。

　　◇难点
  - 了解能够支持ARCore SDK的设备。
  - 正确导入增强面孔的示例应用,并发布到合适的移动设备中。

6.1　导入带有 ARCore 的示例应用

任务描述

ARCore 是 Google（谷歌）用于构建增强现实体验的平台。ARCore 利用不同的 API 使用户可以通过手机够感知其环境、了解现实世界并与信息进行交互。一些 API 可在 Android 和 iOS 上使用，以实现共享的 AR 体验。

通过本任务的学习，掌握如何下载并导入 ARCore 的示例应用。

任务要求

①了解 ARCore 及开发环境。
②掌握如何下载 ARCore SDK。
③掌握如何导入 ARCore 的示例应用。

相关知识

6.1.1　ARCore

ARCore 使用三个关键功能将虚拟内容与通过手机摄像头看到的现实世界相结合。
- 运动跟踪：允许手机了解和跟踪其相对于世界的位置。
- 环境理解：允许手机检测所有类型表面的大小和位置（如地面、咖啡桌或墙壁等水平、垂直和倾斜表面）。
- 光照估计：允许手机估计环境的当前光照条件。

ARCore 设计用于运行 Android 7.0（Nougat）及更高版本系统的各种合格的 Android 手机。所谓"合格的 Android 手机"，是指通过了谷歌认证程序认证的设备。

AR 应用主要与敏感运动跟踪有关，为了给 AR 应用程序的用户有良好的用户体验，需要对每台设备的摄像头、运动传感器和设计架构的质量进行检查，以确保其性能符合预期。此外，设备需要有足够强大的 CPU 与硬件设计集成，以确保良好的性能和有效的实时计算。

谷歌官网上公布了 ARCore 支持的设备，单击"安卓（谷歌播放）"超链接，如图 6-1 所示，即可查看支持的设备型号列表，如图 6-2 所示。

图6-1　查看ARCore支持的设备

设备列表（表格）

制造商	设备型号	注释
Asus	ROG Phone	
Asus	ROG Phone II	
Asus	ROG Phone III	支持深度 API
Asus	ROG Phone 5	支持深度 API
Asus	Zenfone 6	
Asus	Zenfone 7/7 Pro	支持深度 API
Asus	Zenfone 8	支持深度 API
Asus	Zenfone AR	
Asus	Zenfone ARES	
Fujitsu	arrows 5G F-51A	支持深度 API
Fujitsu	arrows NX9 F-52A	支持深度 API
General Mobile	GM 9 Plus	

图6-2　ARCore支持的设备列表

　　在列表中包含了所有符合 ARCore 硬件要求的主流厂商的知名品牌，如：Google 公司的 Nexus 系列、Pixel 系列等；华为公司的 Honor 系列、Mate 系列等；摩托罗拉的 moto g 系列、edge 系列等，OPPO 公司的 A 系列、F 系列等；三星公司的 Galaxy A 系列、Galaxy M 系列等。更多详细内容，请参见官网公布的内容。

运行ARCore应用,需要Google Play服务支持。在中国,设备不附带Google Play商店。单击"安卓(中国)"超链接,如图6-3所示,可以查看通过Google Play Services for AR支持ARCore的移动设备,该服务可从以下应用商店下载的服务获得:

①小米应用商店。

②华为应用商店。

③OPPO APP市场(OPPO软件商店)。

④Samsung Galaxy Apps(三星应用市场)。

⑤V-Appstore(vivo应用商店)。

图6-3　查看Google Play服务支持列表

6.1.2　ARCore的工作原理

从根本上说,ARCore做了两件事:在移动设备移动时跟踪其位置和建立自己对现实世界的理解。

ARCore的运动跟踪技术使用手机的摄像头来识别有特征的标识点,并跟踪这些点如何随时间移动。结合这些点的移动和手机惯性传感器的读数,ARCore可以确定手机在空间中移动时的位置和方向。

除了识别关键点之外,ARCore还可以检测平面,如桌子或地板,并估计周围区域的平均光照强度。这些功能结合在一起,使ARCore能够建立自己对周围世界的理解。

ARCore对现实世界的理解,使用户能够以一种与现实世界无缝集成的方式放置对象、注释或其他信息。用户可以将一只正在打盹的小猫放在咖啡桌的一角,或者利用艺术家的传记信息注释一幅画。运动跟踪意味着用户可以四处走动,并从任何角度查看这些对象,即使用户转身离开房间,当回来时,小猫或注释仍会在用户离开的地方。

任务实施

步骤1：下载ARCore SDK

开发ARCore应用，需要下载ARCore SDK。单击"下载"超链接，打开SDK下载页面。单击"我已阅读并同意上述条款和条件"复选框，即可看到下载列表，如图6-4所示。

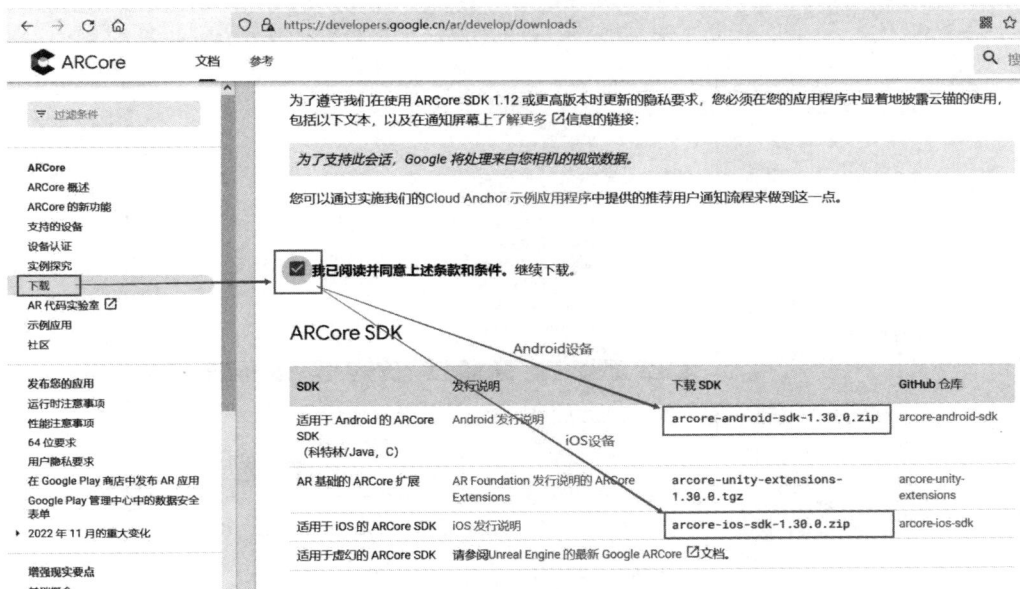

图6-4　SDK下载

步骤2：导入ARCore示例应用

解压已下载的压缩包，其中"samples"目录中的内容就是ARCore SDK提供的示例应用，如图6-5所示。

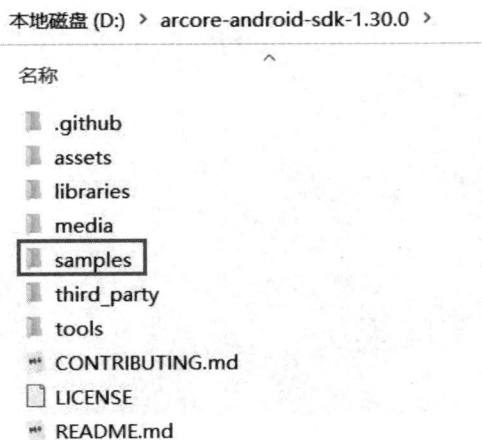

图6-5　ARCored SDK示例应用

启动 Android Studio，单击"Open"按钮，找到上个步骤解压后的目录，打开"samples"目录，并在其中选择"hello_ar_java"项目，如图6-6所示。

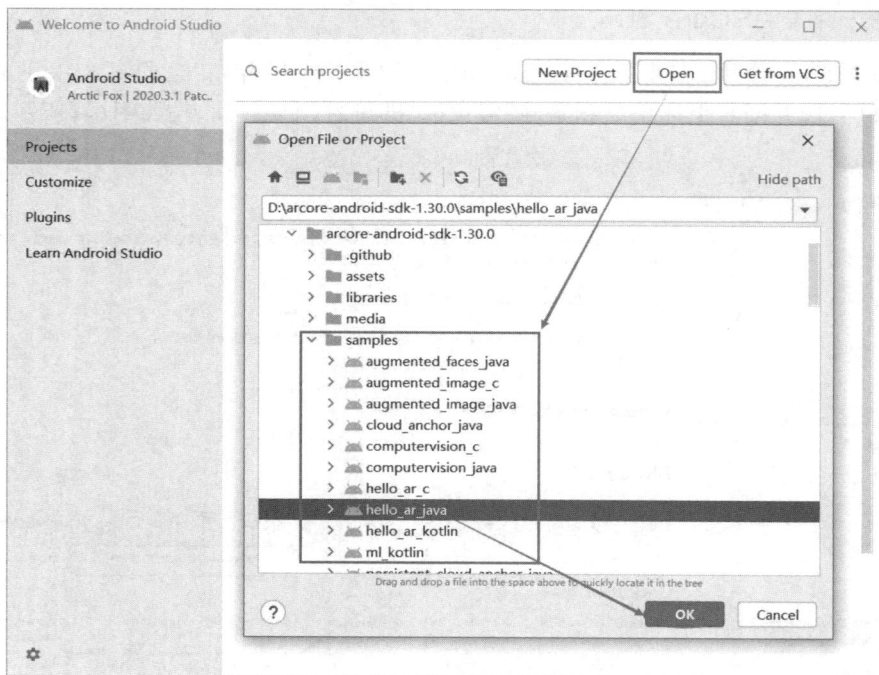

图6-6 打开hello_ar_java项目

步骤3：运行ARCore应用

项目加载成功后，直接启动项目即可。

hello_ar_java应用程序可以让用户在检测到的AR平面表面上放置一个3D ARCore pawn，如图6-7所示。它使用Android GL SurfaceView实现，用于渲染相机预览和基本的AR对象，例如平面和锚点。

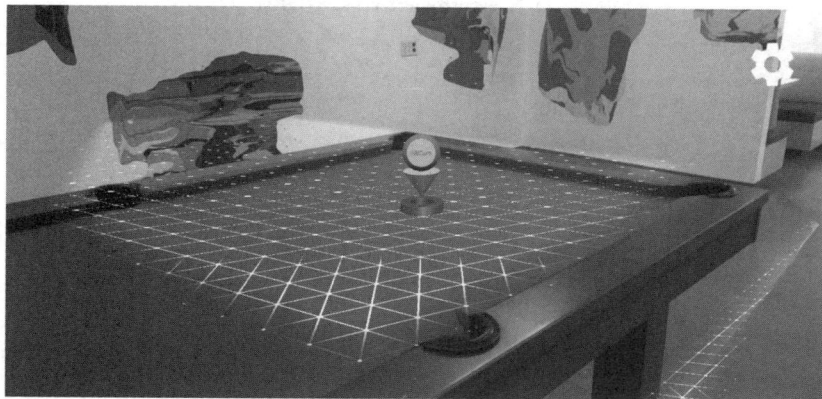

图6-7 运行hello_ar_java应用

　　需要注意的是,虽然ARCore应用可以在模拟器中运行,但是模拟器中启动应用后,需要通过应用商店下载Google Play服务,而在国内的网络环境下,无法连接到谷歌的应用商店。这就导致无法看到hello_ar_java应用程序最终的运行结果。

　　可以连接到手机,在真机环境下运行ARCore应用,这样就能看到类似图6-7所示的结果了。

6.2　通过ARCore实现面孔增强

任务描述

　　通过本任务的学习,掌握如何下载并导入ARCore的示例应用。

任务要求

　　①了解什么是增强图像。
　　②掌握如何导入增强面孔的示例应用。

相关知识

　　增强图像功能允许用户构建可以在用户环境中响应特定2D图像(如产品包装或电影海报)的AR应用程序。当用户将手机的摄像头对准特定的图像时,它们可以触发AR体验。例如,可以将手机的摄像头对准电影海报,然后让角色弹出并制作一个场景。ARCore还跟踪移动图像,例如移动公共汽车侧面的广告牌。

　　(1)运动追踪

　　当手机移动时,ARCore使用一个称为同步定位和映射(SLAM)的过程,来了解手机相对于周围世界的位置。ARCore在捕获的相机图像中检测视觉上不同的特征,称为特征点,并使用这些点来计算其位置变化。视觉信息与来自设备IMU的惯性测量相结合,以估计相机随时间相对于世界的姿态(位置和方向)。

　　通过将渲染3D内容的虚拟相机的姿势与ARCore提供的设备相机的姿势对齐,开发人员能够从正确的角度渲染虚拟内容。渲染的虚拟图像可以覆盖在从设备相机获取的图像之上,使其看起来好像虚拟内容是现实世界的一部分,如图6-8所示。

图6-8　运动跟踪

（2）环境理解

ARCore通过检测特征点和平面，不断提高对现实世界环境的理解。ARCore会寻找看似位于常见水平或垂直表面（如桌子或墙壁）上的特征点集群，并将这些表面作为几何平面提供给用户的应用程序。ARCore还可以确定每个几何平面的边界，并将该信息提供给用户的应用程序。用户可以使用此信息将虚拟对象放置在平面上。

由于ARCore使用特征点来检测平面，因此可能无法正确检测到没有纹理的平面，例如白墙，如图6-9所示。

图6-9　环境理解

（3）深度理解

ARCore可以使用受支持设备中的主RGB摄像头创建深度图，其中包含有关表面与给定点之间距离的数据的图像。

用户可以使用深度图提供的信息来实现身临其境和逼真的用户体验，例如使虚拟对象与观察到的表面准确碰撞，或使它们出现在现实世界对象的前面或后面。

（4）光估测

ARCore可以检测有关其环境光线的相关信息，并为用户提供给定相机图像的平均光强度和颜色校正。此信息可让用户在与周围环境相同的条件下照亮虚拟对象,从而增加真实感,如图6-10所示。

图6-10　光估测

(5)用户交互

ARCore使用点击测试来获取与手机屏幕相对应的(x,y)坐标(通过点击或用户希望应用支持的任何其他交互提供),并将光线投射到摄像头的世界视图中,返回任何几何平面或射线相交的特征点,以及该相交在世界空间中的姿态。这允许用户选择或以其他方式与环境中的对象交互。

(6)定向点

定向点可让用户将虚拟对象放置在有角度的表面上。当用户执行返回特征点的命中测试时,ARCore将会查看附近的特征点,并使用这些特征点尝试估算给定特征点的表面角度。然后,ARCore将返回一个考虑该角度的姿势。

由于ARCore使用特征点集群来检测表面的角度,因此可能无法正确检测到没有纹理的表面,例如白墙。

(7)锚点和可追踪对象

随着ARCore提高对自身位置和环境的理解,姿势可能会发生变化。当用户想放置一个虚拟对象时,用户需要定义一个锚点来确保ARCore会随着时间的推移跟踪对象的位置。通常,用户会根据命中测试返回的姿势创建锚点,如用户交互中所述。

姿势可以改变的事实意味着ARCore可能会随着时间的推移更新环境对象的位置,例如几何平面和特征点。平面和点是一种特殊类型的对象,称为"可跟踪对象"。顾名思义,这些是ARCore将随时间推移跟踪的对象。用户可以将虚拟对象锚定到特定的可追踪对象,以确保虚拟对象和可追踪对象之间的关系,即使在设备四处移动时也能保持稳定。这意味着,如果用户在办公桌上放置一个虚拟Android小雕像,即使ARCore稍后调整了与桌子关联的几何平面的姿势,Android小雕像仍会看起来位于桌面上。

(8)开发面孔增加

在Android中使用面孔增强,可以分两个步骤进行:

1）配置 ARCore 会话

在现有 ARCore 会话中，选择前置摄像头以开始使用增强面。请注意，选择前置摄像头会导致 ARCore 行为发生许多变化。

```
// Set a camera configuration that usese the front-facing camera.
CameraConfigFilter filter =
    new CameraConfigFilter(session).setFacingDirection(CameraConfig.FacingDirection.
    FRONT);
CameraConfig cameraConfig = session.getSupportedCameraConfigs(filter).get(0);
session.setCameraConfig(cameraConfig);
```

启用 AugmentedFaceMode：

```
Config config = new Config(session);
config.setAugmentedFaceMode(Config.AugmentedFaceMode.MESH3D);
session.configure(config);
```

2）访问检测到的人脸

为每一帧获取一个 Trackable。Trackable 是 ARCore 可以跟踪并且可以附加 Anchors 的东西。

```
// ARCore's face detection works best on upright faces, relative to gravity.
Collection<AugmentedFace> faces = session.getAllTrackables(AugmentedFace.class);
```

获取每个 Trackable 的 TrackingState。如果它是 TRACKING，那么它的姿势当前为 ARCore 所知。

```
for (AugmentedFace face : faces) {
    if (face.getTrackingState() == TrackingState.TRACKING) {
    // UVs and indices can be cached as they do not change during the session.
    FloatBuffer uvs = face.getMeshTextureCoordinates();
    ShortBuffer indices = face.getMeshTriangleIndices();
    // Center and region poses, mesh vertices, and normals are updated each frame.
    Pose facePose = face.getCenterPose();
    FloatBuffer faceVertices = face.getMeshVertices();
    FloatBuffer faceNormals = face.getMeshNormals();
    // Render the face using these values with OpenGL.
    }
}
```

任务实施

步骤1：下载ARCore SDK

按照"5.1节中的"任务实施"下的"步骤1"中所述内容，取得ARCore SDK。

步骤2：导入ARCore示例应用

启动Android Studio，单击"Open"按钮，找到上个步骤解压后的目录，打开"samples"目录，并在其中选择"augmented_faces_java"项目，如图6-11所示。

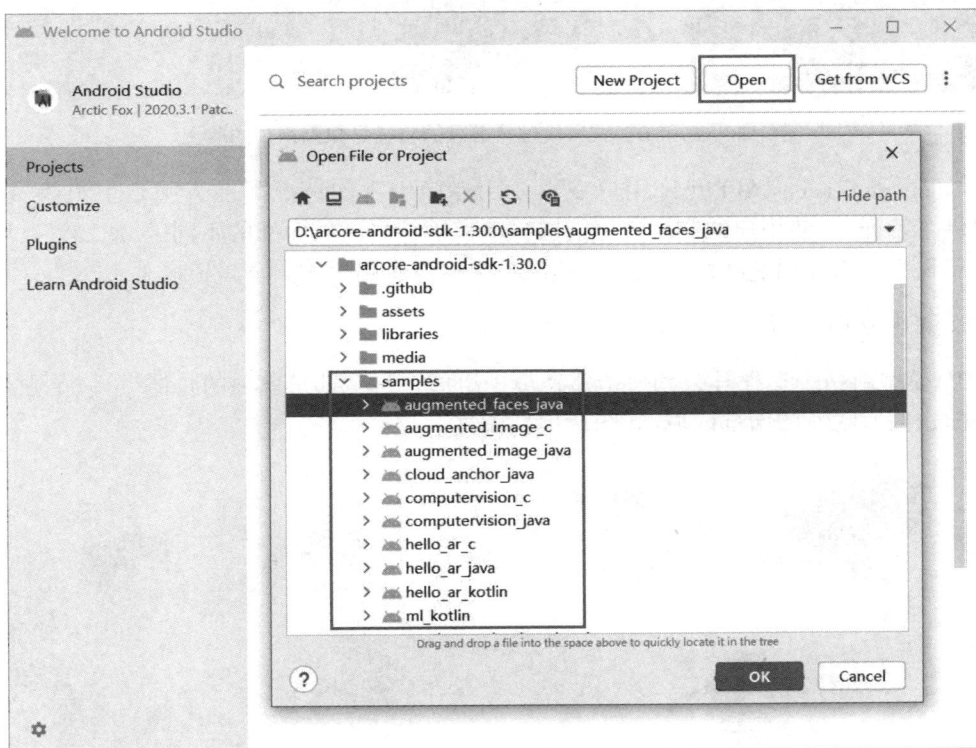

图6-11　打开augmented_faces_java项目

步骤3：运行ARCore应用

项目加载成功后，直接启动项目即可。需要连接到手机，在真机环境下运行ARCore应用。

使用3D模型和纹理将狐狸的特征叠加到用户的脸上，如图6-12所示。

图6-12　使用3D模型和纹理将狐狸的特征叠加到用户的脸上

Augmented Faces API 允许用户在不使用专门硬件的情况下在人脸之上渲染资产。它提供了特征点,使用户的应用程序能够自动识别检测到的面部的不同区域。然后,用户的应用程序可以使用这些区域以正确匹配单个面部轮廓的方式覆盖资产。

步骤4:功能分析

3D模型由两个狐狸耳朵和一个狐狸鼻子组成。每个都是单独的骨骼,可以单独移动以跟随它们所附着的面部区域,如图6-13所示。

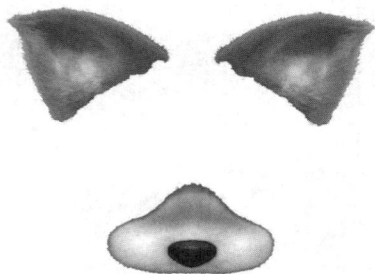

图6-13　3D模型由两个狐狸耳朵和一个狐狸鼻子组成　　图6-14　质地由眼影、雀斑和其他颜色组成

质地由眼影、雀斑和其他颜色组成。在运行时,Augmented Faces API会检测用户的面部并将纹理和模型叠加到上面,如图6-14所示。

步骤5:面孔增强分析

Augmented Faces API提供了1个中心姿势、3个区域姿势和1个3D面部网格。

①中心姿势:中心姿势位于鼻子后面,标志着用户头部的中间。使用它来渲染资产,例如头顶上的帽子,如图6-15所示。

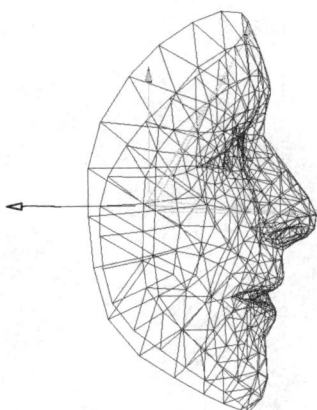

图6-15　中心姿势

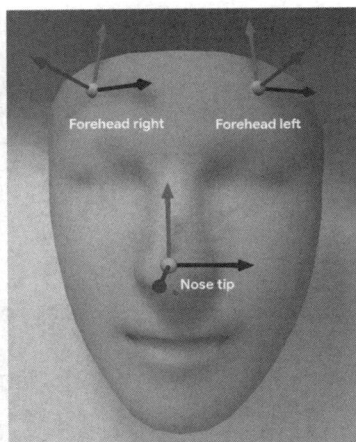

图6-16　区域姿势

②区域姿势：区域姿势位于左额头、右额头和鼻尖，标记用户面部的重要部位。使用它们在鼻子或耳朵周围渲染资产，如图6-16所示。

③3D面部网格：468点密集的3D面部网格允许用户绘制精确跟随面部的适应性强、详细的纹理。例如，在鼻子特定部位后面放置虚拟眼镜时。网格收集了足够详细的3D信息，用户可以轻松地渲染此虚拟图像，如图6-17所示。

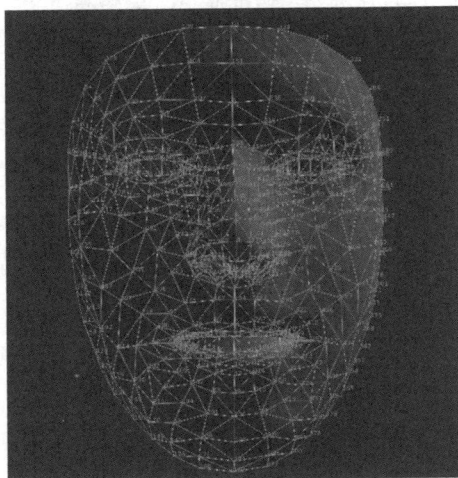

图6-17　3D面部网格

步骤6：AR功能在车载导航上的应用

汽车制造企业与谷歌公司签订协议、取得技术授权后，可以把AR技术与抬头显示技术相结合，就能完美实现实时路况的导航功能，如图6-18所示。

图6-18　AR技术与抬头显示技术相结合，实现实时路况的导航

基于上面的示例，AR技术方面，需要在两个方面进行调整。

①路况：上面的例子是以人物头部为目标，设计3D模型。应用到导航时，需要以路面为目标，重新设计3D模型。

②辅助线：需要对路面上的导航线、转向提示、车距提示等信息重新设计3D模型，以替换上面例子的狐狸耳朵和狐狸鼻子。

6.3　项目小结

通过本项目的学习，了解AR技术的基本概念和工作原理，了解谷歌公司如何通过ARCore将AR技术应用于人脸增强，并理解AR导航的基本实现思路，掌握如何下载并导入ARCore的示例应用。

6.4　拓展练习

根据ARCore官网上公布的支持ARCore应用的手机品牌及型号。准备两个手机，一个可以运行ARCore应用，一个不可以运行，对比两款手机的运行效果。（△）

参考文献

[1] 李霞,彭宏伟,杜文龙.面向智能网联需求的商用车车载终端开发及应用[J].专用汽车,2020(2):58-64.

[2] 李敏,陈付龙,胡飞,等."双高"建设和智能网联汽车"1+X"证书制度背景下课程改革探索:以"车载网络应用技术"课程为例[J].芜湖职业技术学院学报,2022,24(3):25-28.

[3] 金豆豆.智能网联汽车信息娱乐用户接受与场景构建研究[D].济南:山东大学,2022.

[4] 崔胜民.一本书读懂智能网联汽车[M].北京:化学工业出版社,2019.

[5] 王莎,孙海波.智能网联汽车实训体系建设研究[J].内燃机与配件,2022(9):116-118.

[6] 岳欢欢.基于项目教学法的《智能网联汽车无线通信技术》课程开发研究[D].天津:天津职业技术师范大学,2020.

[7] 岳欢欢,关志伟,李达,等.职业院校汽车智能技术方向校本教材的开发研究:以智能网联汽车概论为例[J].现代职业教育,2020(18):71-73.

[8] 严舰.基于Aspice的汽车软件开发流程研究[J].电脑知识与技术,2021,17(24):90-91,94.

[9] 刘佳熙,施思明,徐振敏,等.面向服务架构汽车软件开发方法和实践[J].中国集成电路,2021,30(Z1):82-88.

[10] 程伟.基于Android的车载姿态感知和危险预警功能的应用开发[D].镇江:江苏大学,2016.